Resultate aus dem „50. Gesetz zur Änderung des Sexualstrafrechts"

Die Reform des Sexualstrafrechts 2016:
Hintergründe, Änderungen, Problemstellungen

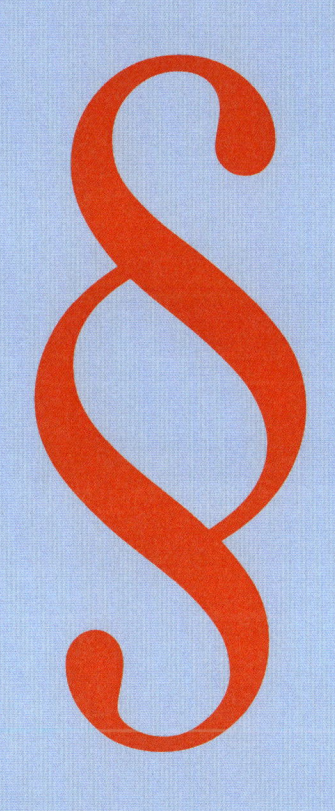

§

Auszüge aus der Masterarbeit

von

Christian Kötzel

Hinweise zum Urheberrecht:

Nach § 53 des Urheberrechtsgesetzes dürfen von geschützten Werken einzelne Vervielfältigungen (z.B. Kopien, Downloads) nur zum privaten, eigenen wissenschaftlichen oder –mit Einschränkungen- sonstigen eigenen Gebrauch hergestellt werden, d.h. die Vervielfältigungen dürfen nicht an Dritte weitergegeben werden. Jede weitergehende Nutzung bedarf der ausdrücklichen vorherigen schriftlichen Genehmigung des Urhebers bzw. des Autors.

Die Benutzerin/der Benutzer ist für die Einhaltung der Rechtsvorschriften selbst verantwortlich. Sie/Er kann bei Missbrauch haftbar gemacht werden.

Dieses Buch stellt einen Auszug aus der verwaltungswissenschaftlichen Masterarbeit von Christian Kötzel dar. Dieser besitzt keinen juristischen Abschluss. Aufgrund dessen ist der Verfasser sich bewusst, dass die Arbeitsweise und Arbeitsergebnisse juristisch-fachlichen Ansprüchen nicht in Gänze genügen können.

© Christian Kötzel, M.A.

Herstellung und Verlag:
BoD – Books on Demand, Norderstedt

ISBN: 978-3-7460-3170-5

Inhalt

A. Hinführung 5

1. Einleitung 5

    1.1 Thematische Hinführung 5

    1.2 Forschungsstand 6

2. Einordnung in den historischen Kontext & bisherige Rechtsnorm 8

B. Hauptteil 12

4. (Politische) Ausgangslage zur aktuellen Änderung 12

    4.1 Istanbul-Konvention 12

    4.2 Schutzlücken 14

    4.3 Mediale Aufmerksamkeit: Kölner Silvesternacht 2015/2016 17

5. Gesetzgebungsverfahren 20

    5.1 Gesetzesvorschläge 20

    5.2 Beratungen 24

    5.3 Beschluss und Verkündung 30

6. Erfolgte Gesetzesänderungen / Synopse 30

    6.1 § 177 StGB: Sexueller Übergriff; sexuelle Nötigung; Vergewaltigung 30

    6.2 § 179 StGB: Sexueller Missbrauch widerstandsunfähiger Personen (aufgehoben) 39

    6.3 § 184i StGB: Sexuelle Belästigung 40

    6.4 § 184j StGB: Straftaten aus Gruppen 41

    6.5 § 240 StGB: Nötigung (in Teilen aufgehoben) 42

    6.6 Sonstige Anpassungen 42

7. Problemstellungen 43

    7.1 § 177 StGB 43

    7.2 § 184i StGB 54

    7.3 § 184j StGB 56

    7.4 Diskrepanzen zu den §§ 174 ff. 57

7.5	Weitere (polizeiliche) Problemstellungen	58
7.6	Lösungsvorschläge	59
C.	Schlussbetrachtung	64
8.	Ergebnis	64
8.1	Zusammenfassung	64
8.2	Fazit	65
D.	Literaturverzeichnis	69
E.	Rechtsquellenverzeichnis	76
F.	Abkürzungsverzeichnis	79
G.	Anhang	80
1)	Synopse	81
2)	Vergleichende grafische Darstellung § 177 alt und neu	84
3)	Eigene Vorschläge zur Optimierung der Gesetzesänderung	86

A. Hinführung

1. Einleitung

1.1 Thematische Hinführung

„'Nein heißt Nein' […] ist ein Meilenstein für alle Frauen"[1]

Diese Worte sprach die rheinland-pfälzische Frauenministerin Anne Spiegel im Juli 2016 im rheinland-pfälzischen Landtag, nachdem sieben Tage zuvor der Deutsche Bundestag in zweiter und dritter Lesung das Gesetz zum besseren Schutz sexueller Selbstbestimmung verabschiedet hatte[2].

Prinzipiell geht die Ausgangslage dieser Gesetzesänderung zurück auf die sog. Istanbul-Konvention des Europarates vom 11.05.2011, in welcher von den Vertragsstaaten gefordert wird alle Formen nicht einverständlicher sexueller Gewalt zu pönalisieren[3] (siehe Kapitel 4.1).

Die deutsche Bundesregierung hat sich dieser Forderung, namentlich einer Änderung der §§ 177 ff. StGB, erst im Jahr 2015 angenähert, als das Bundesministerium der Justiz und für Verbraucherschutz (BMJV) ihr „einen Gesetzentwurf zur Verbesserung des Schutzes der sexuellen Selbstbestimmung vorgelegt"[4] hat.

Nach den Ereignissen der Silvesternacht 2015 in Köln mit massenhaften Übergriffen auf Frauen wurde das Gesetzesvorhaben unter dem Druck von Frauenverbänden und der medialen Aufmerksamkeit dringlicher. Die große Koalition forderte zügig die Gesetze zu verschärfen, um Strafbarkeitslücken zu schließen, während die Opposition dem noch ablehnend gegenüberstand.[5] Spätestens zum Zeitpunkt der medienwirksam inszenierten Gerichtsverhandlung im Falle des „Starlets" Gina-Lisa Lohfink nahm die Debatte um eine Reform des Sexualstrafrechts rasant an Fahrt auf. So forderte u.a. der Bundesjustizminister Heiko Maas die Union auf, Widerstände gegen Reformen beiseite zu legen und Vertreter der Partei Bündnis 90/Die Grünen betonten, dass dieser Fall deutlich zeigt, dass mehr für den Schutz von (sexualisierter) Gewalt gegen Frauen getan werden muss.[6]

---

[1] Spiegel, 2016
[2] Vgl. BT-Plenarprotokoll 18/183, 2016a, S. 18025 A
[3] Vgl. Istanbul-Konvention ETS 210, 2011, S. 15
[4] Bezjak, 2016, S. 557
[5] Vgl. Kulms, 2016
[6] Vgl. Focus, 2016 sowie Facebook Bündnis 90/Die Grünen, 2016

In der Folge gewann die mittlerweile breit angelegte öffentliche Debatte über sog. „Schutzlücken" im aktuellen Sexualstrafrecht an Fahrt und trieb die politischen Akteure förmlich vor sich her. Frauen- sowie Menschenrechtsverbände meldeten sich ebenso zu Wort wie die juristische Fachwelt. Am Ende des Prozesses formierte sich ein Gesetz unter dem Grundsatz „Nein heißt Nein". Dieser war im Gesetzesentwurf der Bundesregierung nicht vorgesehen, wurde aber in dem vergleichsweise rasch durchgeführten Gesetzgebungsverfahren letztendlich bevorzugt und fand Eingang in das am 09.11.2016 veröffentlichte Gesetz.[7]

Die Plenardebatten zum „50. Gesetz zur Änderung des Strafgesetzbuches" endeten vor fast genau einem Jahr. Vor ca. 6 Monaten ist das Gesetz in Kraft getreten. Und mittlerweile wurden erste Straftäter nach dem neuen Recht verurteilt.[8] Es ist Zeit, das Gesetz und seine Entstehung genauer zu betrachten. Handelt es sich um den von Politikern versprochenen „historischen Schritt"[9] wie es die Bundestags-Abgeordnete der Partei Die Linke, Halina Wawzyniak, formulierte oder versprechen die neuen Regelungen „mehr, als sie am Ende halten können"[10]? Was hat sich denn genau geändert und wie bewerten fachlich versierte Juristen das neue Gesetzesgebilde? Im Folgenden wird eine Zusammenfassung über die (politischen) Hintergründe und die erfolgten Änderungen gegeben. Darüber hinaus soll auf einige aufgeworfene Problemstellungen eingegangen werden.

1.2 Forschungsstand

In den einschlägigen juristischen Fachzeitschriften gab es bislang nur wenige Meinungen zu dem Änderungsgesetz. Insbesondere im direkten Anschluss an den Bundestagsbeschluss bis zur Zeit des unmittelbaren In-Kraft-Tretens des neuen Gesetzes äußerten sich Experten durchaus kontrovers zu den neuen Normen. So bemängelt Müller, dass die Ergebnisse der eigens dafür eingesetzten Expertenkommission nicht abgewartet wurden. Er zieht das Fazit, dass mit „guter Intention […] in Eile ein Gesetz verabschiedet [wurde], das in einigen Formulierungen problematisch ist"[11]. Während die erfolgten Änderungen in Bezug auf den

---

[7] Vgl. BT-Dr. 18/8210, 2016 sowie 50. Gesetz zur Änderung des Strafgesetzbuches - Verbesserung des Schutzes der sexuellen Selbstbestimmung, 2016, S. 2460
[8] Vgl. Deck, 2017
[9] Meiritz, 2016
[10] Schulz, 2016
[11] Müller, 2016, S. 3

Verzicht der Nötigungselemente (§ 177 Abs. I [12]) i.d.R. durchwegs positiv bewertet werden[13], werden andere Vorschriften von den Autoren kritisch hinterfragt. Dies betrifft insbesondere den § 177 Abs. II (Probleme beim Strafrahmen im Verhältnis zu den §§ 174-174 c)[14] oder den neu geschaffenen § 184j, welcher laut Renzikowski in ein „totales Strafrecht"[15] führe und bei dem zu „hoffen [sei], dass das BVerfG diesem Wahn Einhalt gebietet"[16].

Es gibt mittlerweile erste Urteile[17]. Diese sind jedoch erstinstanzlich. Insbesondere bei auslegungsbedürftigen Tatbeständen (siehe Kapitel 7) muss der Gang in weitere Instanzen abgewartet werden, um durch höchstrichterliche Rechtsprechung bzw. daran anschließende Diskussion in Fachzeitschriften eine Auseinandersetzung mit problembehafteten neuen Normen zu ermöglichen.

Fischer ist der erste und bislang einzige, der Anfang 2017 einen überarbeiteten StGB-Kommentar[18] herausbrachte, welcher bereits das neue Sexualstrafrecht enthält.[19]
Bereits im Februar 2015 wurde vom BMJV eine „Reformkommission zur Überarbeitung des 13. Abschnitts des Besonderen Teils des Strafgesetzbuches" eingerichtet, welche den Abschnitt sinnvoll neuordnen, eventuelle Strafbarkeitslücken schließen und möglicherweise überholte Strafvorschriften hinterfragen soll. Bislang wurden jedoch noch keine Ergebnisse öffentlich, obwohl dies eigentlich bereits im Frühjahr 2016 geplant war.[20] Auf Nachfrage im Mai 2017 gab das BMJV dem Autor bekannt, dass eine Veröffentlichung der Ergebnisse voraussichtlich Ende Juli 2017 zu erwarten ist[21].

---

[12] Sofern keine anderweitige Erwähnung erfolgt, beziehen sich alle folgenden Paragraphen auf das StGB, und zwar in der neuen Fassung.
[13] Vgl. u.a. Bezjak, 2016, S. 560, Renzikowski, 2016, S. 3553
[14] Vgl. Renzikowski, 2016, S. 3556
[15] Renzikowski, 2016, S. 3558
[16] Ebd. S. 3558
[17] Vgl. z.B. AG Bautzen, 2017
[18] Vgl. Fischer, 2017
[19] Stand: 10.06.2017
[20] Vgl. BMJV, 2015a
[21] Anm. d. Verf.: Die Ergebnisse wurden nach Abschluss dieser Arbeit am 19.07.2017 veröffentlicht. Sie bestätigen in vielen Punkten die in diesem Buch dargelegte Meinung des Autors.

2. Einordnung in den historischen Kontext & bisherige Rechtsnorm

Seit Anbeginn unserer zivilisierten Menschheit setzte man sich bereits mit der „Vergewaltigung" und der notwendigen Strafbarkeit auseinander. Bereits im Alten Testament finden sich Hinweise hierüber.[22] Diese Taten wurden in der Folgezeit zwar als übles Unrecht angesehen, stellten jedoch primär einen Eingriff in das Besitz- und Verfügungsrecht des Mannes dar.[23] Nehlsen belegt, dass zu Zeiten der Lex Salica im 5. und 6. Jahrhundert selbst „schwere Unrechtstaten wie [...] Notzucht, Frauenraub [...] mit einer Geldbuße belegt"[24] wurden. Im späten Mittelalter reichte die Strafe dann bis hin zur Entmannung oder Enthauptung.[25] Während des 13. Jahrhunderts ging man dazu über, dass eine solche Straftat nicht mehr nur gegen die Verfügungsehre des Mannes verstieß, sondern auch die Geschlechtsehre der Frau verletzte.[26] Da jedoch in der damaligen Zeit nicht allen Frauen eine Geschlechtsehre zugebilligt wurde, kamen die Rechtsnormen nicht jeder Frau zuteil. Frauen mussten damals ihre Glaubwürdigkeit durch Klageschreie während der Straftat belegten.[27]

1532 wurde vom Regensburger Reichstag das erste einheitlich deutsche Strafgesetzbuch verkündet.[28] In der Peinlichen Gerichtsordnung Kaiser Karls V. (Constitutio Criminalis Carolina) wird die „Notzucht" als gewaltsame Schändung einer Frau verstanden:

Wenn jemand einer unbescholtenen Ehefrau, Witwe oder Jungfrau mit Gewalt und gegen ihren Willen ihre jungfräuliche oder fräuliche Ehre nimmt, hat dieser Übeltäter das Leben verwirkt und soll, einem Räuber gleich, mit dem Schwert gerichtet werden.

(*„Item so jemandt eyner vnuerleumbten ehefrawen, witwenn oder jungkfrawen mit gewalt vnd wider jren willen, jr jungfrewlich oder frewlich ehr neme, der selbig übelthetter hat das leben verwürckt vnd soll [...] eynem rauber gleich mit dem schwert vom leben zum todt gericht werden."* [29])

Es gab erstmals den fest geschriebenen Begriff der „Gewalt". Man unterschied zwischen „'wirklicher Gewalt' und den für nicht strafwürdig erachteten Gewaltformen der sog. ‚vis grata' (willkommene Gewalt) bzw. vis ‚haud ingrata' (nicht unwillkommene Gewalt) und

---

[22] Vgl. 5. Buch Mose - Kapitel 22, S. Vers 13 ff.
[23] Vgl. Sick, 1993, S. 28
[24] Nehlsen, 1983, S. 5
[25] Vgl. Kieler, 2003, S. 7
[26] Ebd. S. 36
[27] Vgl. ebd. S. 9
[28] Ebd. S. 9
[29] Zitiert nach Radbruch, 1960, S. 79 f.

verlangte eine nicht unerhebliche physische Kraftentfaltung sowie einen ernsthaften Widerstand des Opfers, der nicht nur ‚typisches' weibliches Zieren war"[30].

Im Reichsstrafgesetzbuch von 1871 wurden Sexualdelikte erstmals im 13. Abschnitt als „Verbrechen und Vergehen wider die Sittlichkeit"[31] aufgeführt. Zwar sind diese Straftaten auch heute noch immer im 13. Abschnitt des StGB geführt, jedoch war die Intention damals eine ganz andere. Im Vordergrund stand nicht die sexuelle Selbstbestimmung eines Einzelnen, sondern der Schutz „moralischer gesellschaftlicher Grundsätze auf geschlechtlichem Gebiet"[32].

Die Normen für sexuelle Nötigung und Vergewaltigung waren in den §§ 176 ff. festgelegt[33]. Dort heißt es unter anderem:

„§ 176.
Mit Zuchthaus bis zu zehn Jahren wird bestraft, wer
1. mit Gewalt unzüchtige Handlungen an einer Frauensperson vornimmt oder dieselbe durch Drohung mit gegenwärtiger Gefahr für Leib oder Leben zur Duldung unzüchtiger Handlungen nöthigt […]"

Oppenhoff beschreibt in seiner Kommentierung zum RStGB, dass Gewalt als ein Mittel des Zwanges „zur Überwindung eines (ernstlich) geleisteten Widerstandes anzusehen"[34] ist. Fehlt es am Widerstand der Frau, oder handelt es sich um ein „bloßes Widerstreben oder Sträuben (welches oft nicht ernstlich gemeint ist)"[35], so ist die Straftat ausgeschlossen.
Hier findet sich also die „zwei-aktige" Grundstruktur (gegen den Willen plus Gewaltanwendung) der Constitutio Criminalis Carolina wieder. Diese blieb in all den Jahrhunderten relativ unverändert erhalten und sollte spätestens im Jahr 2016 Gegenstand der politischen Debatte werden (siehe Kapitel 4).

Durch die 4. Reform des Strafrechts wurde 1973 der 13. Abschnitt des StGB grundlegend liberalisiert. Ein Grund hierfür war das sog. „Fanny-Hill-Urteil", in welchem der BGH vermerkt: „Das Strafgesetz hat nicht die Aufgabe auf geschlechtlichem Gebiet einen moralischen Standard des erwachsenen Bürgers durchzusetzen, sondern es hat die Sozialordnung der Gemeinschaft von Störungen und groben Belästigungen zu schützen."[36]

---

[30] Kieler, 2003, S. 10
[31] Oppenhoff, 1873, S. 299
[32] Kieler, 2003, S. 15
[33] Auszug aus dem RStGB
[34] Vgl. Oppenhoff, 1873, S. 306, RNr 9
[35] Ebd. S. 306, RNr 9
[36] BGH, 1969, Ziffer 15

Insofern wurde mit dieser Reform auch das geschützte Rechtsgut verändert. Stand in früheren Zeiten die Sittlichkeit im Vordergrund (s.o.) so wurden die Straftaten nun als Taten gegen die sexuelle Selbstbestimmung deklariert.[37] Diese ist ein Ausdruck des allgemeinen Persönlichkeitsrechts, welches als Grundrecht von Art. 2 Abs. I GG in Verbindung mit Art. 1 Abs. I GG geschützt wird.[38]

Eine weitere wichtige Änderung in Bezug auf die Delikte der „sexuellen Nötigung" und „Vergewaltigung" war das 33. Strafrechtsänderungsgesetz aus dem Jahre 1997. Beide Handlungen wurden in einem Paragraphen zusammengefasst. Darüber hinaus wurde eine geschlechtsneutrale Formulierung gewählt, so dass nunmehr Frauen und auch Männer geschützt wurden. Zudem wurden erstmals Tathandlungen innerhalb einer Ehe tatbestandsmäßig, was grundlegend den Schutz von (in erster Linie) Frauen erhöhte.[39]

Im Jahr 2016 waren, sehr vereinfacht ausgedrückt, sexuelle Handlungen unter Strafe gestellt, welche durch Nötigung
- mit Gewalt oder
- durch Drohung einer Lebensgefahr oder
- unter Ausnutzen einer schutzlosen Lage oder

unter Ausnutzen einer Widerstandslosigkeit erfolgten (vergleiche hierzu auch u.g. Schaubild)[40].

---

[37] Vgl. Schmidt-Bens, 2016, Kapitel 5
[38] BT-Dr. 18/8210, 2016, S. 7
[39] Vgl. journascience.org
[40] Auszug bisheriger Gesetzestext 13. Abschnitt

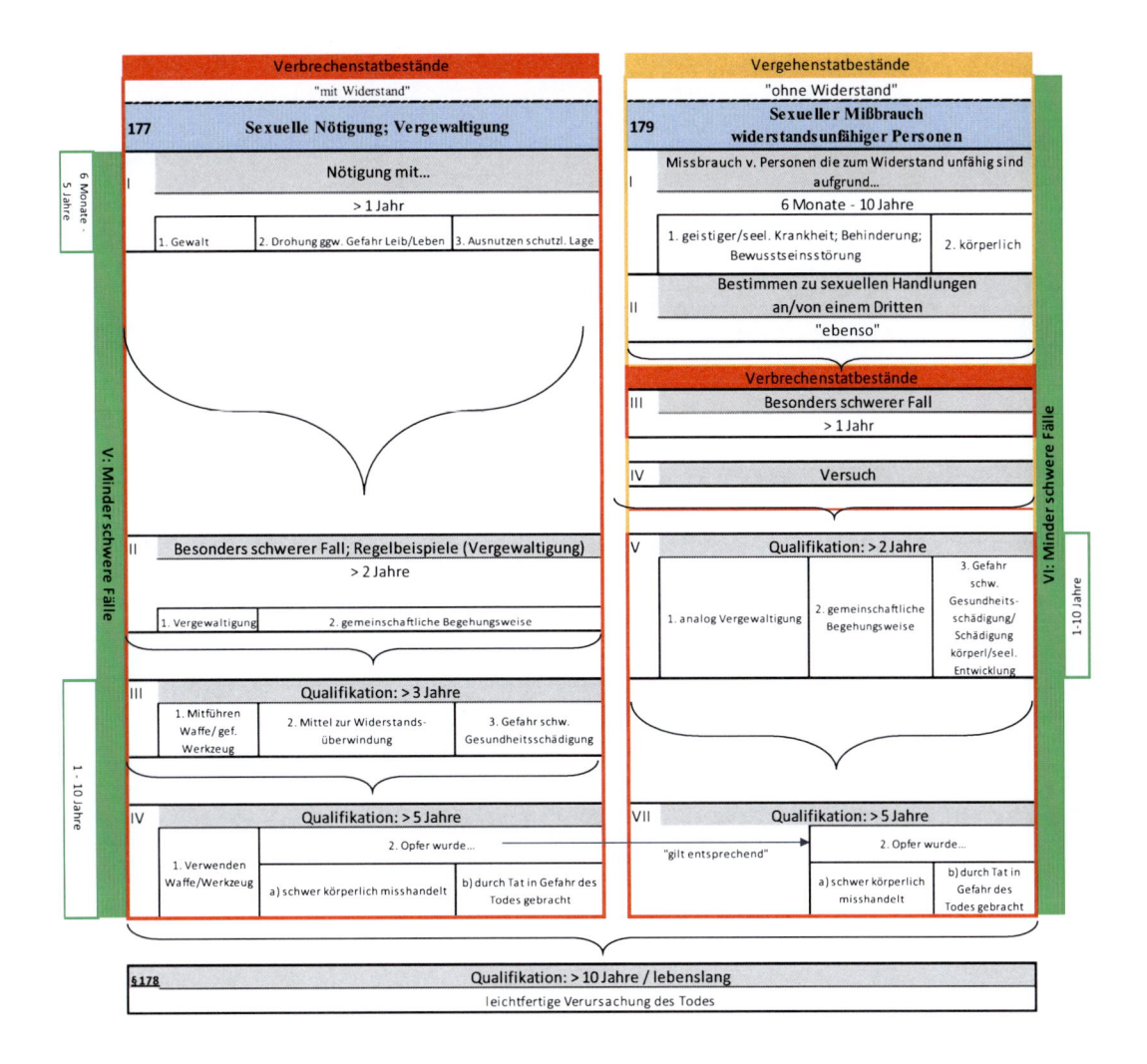

Verbrechenstatbestände	Vergehenstatbestände
"mit Widerstand"	"ohne Widerstand"
177 Sexuelle Nötigung; Vergewaltigung	**179 Sexueller Mißbrauch widerstandsunfähiger Personen**
I – Nötigung mit… > 1 Jahr: 1. Gewalt; 2. Drohung ggw. Gefahr Leib/Leben; 3. Ausnutzen schutzl. Lage	I – Missbrauch v. Personen die zum Widerstand unfähig sind aufgrund… 6 Monate – 10 Jahre: 1. geistiger/seel. Krankheit; Behinderung; Bewusstseinsstörung; 2. körperlich
	II – Bestimmen zu sexuellen Handlungen an/von einem Dritten "ebenso"
	Verbrechenstatbestände
	III – Besonders schwerer Fall > 1 Jahr
	IV – Versuch
II – Besonders schwerer Fall; Regelbeispiele (Vergewaltigung) > 2 Jahre: 1. Vergewaltigung; 2. gemeinschaftliche Begehungsweise	V – Qualifikation: > 2 Jahre: 1. analog Vergewaltigung; 2. gemeinschaftliche Begehungsweise; 3. Gefahr schw. Gesundheitsschädigung/ Schädigung körperl/seel. Entwicklung
III – Qualifikation: > 3 Jahre: 1. Mitführen Waffe/gef. Werkzeug; 2. Mittel zur Widerstandsüberwindung; 3. Gefahr schw. Gesundheitsschädigung	
IV – Qualifikation: > 5 Jahre: 1. Verwenden Waffe/Werkzeug; 2. Opfer wurde… a) schwer körperlich misshandelt; b) durch Tat in Gefahr des Todes gebracht	VII – Qualifikation: > 5 Jahre "gilt entsprechend": 2. Opfer wurde… a) schwer körperlich misshandelt; b) durch Tat in Gefahr des Todes gebracht
§ 178 Qualifikation: > 10 Jahre / lebenslang – leichtfertige Verursachung des Todes	

Seitliche Rahmenangaben: 6 Monate – 5 Jahre; 1 – 10 Jahre; V: Minder schwere Fälle; VI: Minder schwere Fälle; 1–10 Jahre

Als „Gewalt" ist nach herrschender Meinung „physischer Zwang zur Überwindung eines Widerstandes"[41] gefordert. Sie wird unterschieden in die „beeinflussende, willensbeugende Gewalt (vis compulsiva)"[42] und die „überwältigende Gewalt (vis absoluta)"[43].

---

[41] Fischer, 2017, S. 1710
[42] Ebd. S. 1711
[43] Ebd. S. 1711

B. Hauptteil

4. (Politische) Ausgangslage zur aktuellen Änderung

4.1 Istanbul-Konvention

1998 wurde eine Bulgarin (in Bulgarien) von drei Männern vergewaltigt. Da sie den kräftigeren Männern ohnmächtig gegenüberstand, verzichtete sie auf Gegenwehr. Da das bulgarische Recht vorsah, dass eine Straftat nur dann verwirklicht ist, wenn die sexuelle Handlung mittels Gewalt oder Drohung mit Gewalt durchgesetzt wird, gingen die Täter straffrei aus. Deshalb klagte die Geschädigte vor dem Europäischen Gerichtshof für Menschenrechte. Dieser stellte 2003 fest, dass Bulgarien gegen Art. 3 (Verbot der Folter) und 8 (Recht auf Achtung des Privatlebens) der EMRK verstoßen hatte. Bulgarien vernachlässige demzufolge seine Pflichten zum Schutz seiner Bürger vor jedweder Art sexueller Gewalt oder Nötigung mittels entsprechender Gesetze und Strafverfolgung.[44] Somit wurde bereits durch dieses Urteil im Jahre 2003 für alle EU-Mitgliedsstaaten entschieden, dass diese verpflichtet sind sämtliche nicht einvernehmliche sexuelle Handlungen unter Strafe zu stellen und entsprechend zu verfolgen und abzuurteilen, gerade auch dann, wenn das Opfer keinen physischen Widerstand leistet.[45]

Am 11.05.2011 unterzeichnete Deutschland das „Übereinkommen des Europarats zur Verhütung und Bekämpfung von Gewalt gegen Frauen und häuslicher Gewalt"[46] (Istanbul-Konvention). Im dortigen Art. 36 wird festgelegt, dass die Vertragsparteien aufgefordert sind, die „erforderlichen gesetzgeberischen und sonstigen Maßnahmen [zu treffen], um sicherzustellen, dass […] nicht einverständliches, sexuell bestimmtes […] Eindringen in den Körper einer anderen Person […oder] sonstige nicht einverständliche sexuell bestimmte Handlungen"[47] unter Strafe gestellt sind. Gleiches gilt für das Veranlassen einer Person zu Handlungen an Dritten.[48] Die Istanbul-Konvention erfordert also zwei Dinge: Erstens sollen alle sexuellen Handlungen gegen den Willen einer Person unter Strafe gestellt werden.

---

[44] Vgl. EGMR 39272/98: Beschwerdesache M. C. gegen Bulgarien, 2003
[45] Vgl. BMJV, 2015b, S. 7
[46] Vgl. Istanbul-Konvention ETS 210, 2011
[47] Ebd. S. 15
[48] Vgl. Istanbul-Konvention ETS 210, 2011, S. 15

Zweitens wird von den Vertragsstaaten eine konsequente Strafverfolgung dieser Delikte erwartet.

In der Begründung eines 2014 erlassenen StÄG[49] schreibt die Bundesregierung: „Ob und gegebenenfalls inwiefern aus Artikel 36 der Istanbul-Konvention gesetzgeberischer Handlungsbedarf im Hinblick auf die Strafbarkeit nicht einvernehmlicher sexueller Handlungen folgt, ist noch Gegenstand der Prüfung"[50].
In den folgenden Jahren entstand eine andauernde Diskussion darüber, ob das deutsche StGB in ausreichender Weise alle relevanten strafwürdigen Handlungen abdeckt.

Bei einer sehr strikten Auslegung der Überschriften der Istanbul-Konvention könnte man zu dem Schluss kommen, dass nach wie vor (ausschließlich) die „Gewalt" im Mittelpunkt steht. In den Artikeln zuvor geht es um „psychische Gewalt" (Art. 33) und um „körperliche Gewalt" (Art. 35).[51] Legt man dem eine semantische Logik zu Grunde, könnte man deshalb bei enger wörtlicher Auslegung zu dem Schluss gelangen, dass Art. 36 sozusagen sexuell motivierte Gewalt beschreibt, was u.a. Fischer zu befürworten scheint.[52] Dem widerspricht jedoch der erläuternde Bericht zur Istanbul-Konvention, welcher sich u.a. auf o.g. Urteil bezieht.[53] Weiter heißt es dort, der Artikel berühre alle Formen sexueller Handlungen *„which are performed on another person without her or his freely given consent"*[54] (welche ohne die freie Zustimmung/ Einwilligung/ Konsens/ Einverständnis der anderen Person erfolgen).
Fischer sieht keinen Handlungsbedarf, weil, die Istanbul-Konvention eher darauf abgezielt habe das Strafrecht von Europarats-Vertragsstaaten wie etwa Albanien, Moldau, Georgien und Aserbaidschan westlichen Standards anzugleichen.[55]
Eine gegenteilige Haltung vertreten diverse Frauenverbände, das Deutsche Institut für Menschenrechte oder weitere Strafrechtswissenschaftler.[56] Sie sahen Handlungsbedarf, da sie auch im deutschen Recht Lücken wähnten.[57] Eine besonders extreme Haltung vertreten Herning/Illgner, indem sie behaupten, Deutschland sei eine Gesellschaft „welche auf unzählige Arten Vergewaltigung begünstigt und hinnimmt. In einer solchen

---

[49] Umsetzung europäischer Vorgaben zum Sexualstrafrecht. Die Priorität lag auf dem Schutz von Kindern sowie Jugendlichen vor sexueller Ausbeutung.
[50] Zitiert nach Hörnle, 2015a, S. 6
[51] Istanbul-Konvention ETS 210, 2011, S. 15
[52] Vgl. Fischer, 2015, S. 5 f.
[53] Vgl. Explanatory Report ETS 210, 2011, S. 33
[54] Explanatory Report ETS 210, 2011, S. 32
[55] Vgl. Fischer, 2016a
[56] Vgl. u.a. Clemm, 2016, Eisele, 2016, Hörnle, 2015a
[57] Vgl. Hörnle, 2015a

,Vergewaltigungskultur' werden Frauen sexuell objektifiziert, Opfer werden für ihr Verhalten verurteilt, Vergewaltigung und sexualisierte Übergriffe werden negiert und kleingeredet, Daten/ Fakten zu Vergewaltigungen werden nicht ernst genommen und sexualisierte Übergriffe werden trivialisiert"[58]. Die Autoren bringen, obwohl sie damit argumentieren, keine belastbaren Zahlen in ihrem Aufsatz. Fakt ist, dass die Anzahl der Delikte „Vergewaltigung/ sexuelle Nötigung" in den Jahren 2011 bis 2015 leicht auf 7022 Fälle gefallen ist, während die Aufklärungsquote von 82,5 % auf 80,9 % gleichfalls gesunken ist.[59] Im selben Jahr wurden in diesem Deliktsfeld 1038 Personen verurteilt[60], was einer Quote von 15 % spricht. Somit sind keine relevanten Unterschiede zu ähnlichen Deliktsfeldern wie etwa Körperverletzung zu erkennen[61]. Das Dunkelfeld nun einmal ganz außer Acht gelassen, erscheint sich auf den ersten Blick kein Zusammenhang zwischen alleiniger Betrachtung von Verurteilungs- oder Aufklärungsquote und dem Bedarf nach einer Gesetzesreform zu erschließen. Zu diesem Thema existiert relativ wenig Forschungsmaterial. Man könnte genauso gut argumentieren, dass es kein Regelungsdefizit, sondern ein Umsetzungsdefizit geben könnte. Diese Behauptung müsste also wesentlich differenzierter betrachtet werden.[62]

Interessanterweise ist die Istanbul-Konvention bis heute, also auch nach der neuesten Reform 2016, noch immer nicht von der Bundesregierung ratifiziert worden.[63]

4.2 Schutzlücken

Mehrere deutsche Strafrechtsgelehrte befürworteten 2016 ein Handeln des Staates.[64] Ihrer Auffassung nach war § 177 StGB a.F. nicht geeignet alle relevanten sexuellen Handlungen entsprechend unter Strafe zu stellen. Die Grundstruktur des § 177 a.F. weist laut Hörnle einen „Konstruktionsfehler"[65] auf, da sich dieser noch immer auf die Betonung des jahrhundertealten Gewaltparadigmas beruft. Problematisch wurde die Tatsache angesehen, dass der § 177 a.F. voraussetzte, dass das Opfer genötigt wird. Fehlte eine solche Nötigung, so entfiel nach altem Recht eine Strafbarkeit.[66] Zum Teil wurde die Meinung vertreten, dass

---

[58] Herning & Illgner, 2016
[59] Vgl. Bundeskriminalamt, 2016
[60] Vgl. Statistisches Bundesamt
[61] Ggf. nur 2 Beteiligte und somit Aussage gg. Aussage. 2015: Aufklärungsquote: 82%, Verurteilungsquote 16 %.
[62] Anm.: Dies ist allerdings nicht Gegenstand dieses Buches.
[63] Stand 12.07.2017
[64] Vgl. Clemm, 2016, Eisele, 2016, Hörnle, 2015a u.a.
[65] Hörnle, 2015b, S. 208
[66] BMJV, 2015b, S. 5 f.

sexuelle Selbstbestimmung nur dann strafrechtlich geschützt sei, wenn sie „dem Grundsatz nach wehrhaft verteidigt wird"[67]. Dies wurde bei genauerer Betrachtung auch durch die Systematik im StGB a.F. verdeutlicht. Im § 179 a.F. *„Sexueller Missbrauch widerstandsunfähiger Personen"* hieß es: *„Wer eine andere Person, [welche aufgrund ...] einer geistigen oder seelischen Krankheit oder Behinderung [...] oder körperlich zum Widerstand unfähig ist [...]"*[68]. Das heißt, es gab einen eigenen Paragraphen, der das besondere Unrecht einer solchen Straftat gegenüber Personen ausdrücken sollte, welche aus den genannten Gründen keinen Widerstand leisten können. Somit wurde impliziert, dass der eigentliche Tatbestand (§ 177 a.F.) Widerstand erforderte.

Folgende Probleme (bzw. „Schutzlücken") waren nach herrschender Meinung im StGB a.F. zu finden, welche bislang nicht als strafwürdig erfasst wurden oder aufgrund von Auslegungsproblemen strittig erschienen:

1. Fälle des § 177 Abs. I a.F., in denen der Täter kurz vor der sexuellen Handlung gemäß den tatbestandlichen Alternativen Gewalt ausübt (Alt. 1), mit einer gegenwärtigen Gefahr für Leib oder Leben droht (Alt. 2) oder unter Ausnutzung einer schutzlosen Lage das Opfer nötigt (Alt. 3), jedoch der Entschluss zur sexuellen Handlung erst später gefasst wird. Sofern das Opfer zu diesem späteren Zeitpunkt noch eingeschüchtert ist und sich deshalb nicht wehrt, fehlt es tatbestandlich am finalen Zusammenhang.[69]

2. Fälle des § 177 Abs. I a.F., in denen der Täter zwar Gewalt ausübt, diese aber als nicht hinreichend genug eingestuft wurde.[70]

3. Fälle in denen das Opfer mittels eines überraschenden Angriffs (und somit ohne Zwang) angegangen wird.[71]

4. Fälle, die (aufgrund der sehr stringenten Rechtsprechung, was ursprünglich vom Gesetzgeber nicht so geplant war) objektiv nicht unter eine schutzlose Lage gem. §

---

[67] Clemm, 2016, S. 2; andere Ansicht: Fischer, 2016b
[68] Vgl. Anhang Nr. 1 (Synopse)
[69] Vgl. BGH, 2012b
[70] Z.B. das Herunterreißen der Kleider, vgl. BGH, 2006
[71] Vgl. BGH, 2011; Dies betrifft auch Fälle von z.B. zunächst einvernehmlichem Sex, bei dem der Täter dann bei einer sexuellen Variation den Willen des Opfers außer Acht lässt (vgl. Eisele, 2016, S. 3)

177 Abs. I, 3. Alternative a.F. fallen, bei denen Opfern aber eine Wehr aussichtslos erscheint. Dies gilt insbesondere für Beziehungstaten in einem sogenannten „Klima-der-Gewalt". Die Opfer haben bereits in der Vergangenheit Gewalt durch diesen Täter erlebt und lassen die sexuellen Handlungen aus Angst vor neuen Gewalttaten über sich ergehen.[72] Hat der Täter allerdings ausdrücklich oder konkludent Bezug zu zurückliegenden Gewalttaten genommen, so war dies bereits gemäß § 177 Abs. I, Alt. 2 a.F. strafbar.[73]

5. Fälle in denen jeweils nur eine einfache Nötigung vorliegt. Diese konnten möglicherweise den Tatbestand gem. § 240 Abs. I i.V.m. IV StGB a.F. erfüllen. Allerdings wurden dort nur Taten erfasst, wenn die genötigte Person aktive Handlungen vornimmt. Eine bloße Duldung an sich selbst ist nicht vom Gesetz erfasst gewesen.

6. Fälle, welche den Charakter einer sexuellen Belästigung haben. Diese waren möglicherweise durch § 185 StGB a.F. gedeckt, sofern sie eine gewisse Erheblichkeitsschwelle (§ 184h Nr. 1[74]) überschritten hatten. Dies war zum Beispiel bei einem groben Griff in den Schritt der Fall. Ein Grapschen an den Po fiel jedoch nicht per se unter den Tatbestand der Beleidigung (auf sexueller Basis), da es in der Regel an der Erheblichkeit mangelt und somit keine sexuelle Handlung gem. § 184h vorliegt.[75] Zudem erfordert eine Beleidigung jeweils eine Ehrverletzung des Opfers durch den Täter. Die Handlung musste eine zusätzlich herabsetzende Bewertung haben, welche einen selbständigen beleidigenden Charakter ergab.[76] Dies ist insbesondere bei sexualbezogenen Handlungen eher nicht der Fall. Insofern konnte dieser lückenhaft begründete Rückgriff der Judikative auf § 185 StGB a.F. immer nur ein Notbehelf sein. Schon allein der Schutzzweck des geschützten Rechtsgutes unterscheidet sich eklatant („Ehre") zu dem Schutzgut aus dem 13. Abschnitt des StGB („sexuelle Selbstbestimmung").

Unabhängig von Auslegungsproblemen, wonach bei den Fallgruppen 1, 2 und 4 Straflosigkeit nicht zwingend gesetzlich festgeschrieben ist, kann festgestellt werden, dass in den

---

[72] Vgl. Eisele, 2016, S. 3, Hörnle, 2015a, S. 9, BMJV, 2015b, S. 5 f.
[73] Vgl. BGH, 2012a
[74] Dort wird der Begriff der „sexuellen Handlung" definiert.
[75] Vgl. Fischer, 2017, S. 1333
[76] Vgl. ebd. S. 1348 f.

Fallgruppen 3, 5 und 6 bislang eine Tatbestandsmäßigkeit (als sexuelle Nötigung) ausgeschlossen war und derlei Taten bislang nicht strafbar waren.[77] Somit erschienen Gesetzesänderungen, welche sodann eine Gesetzesverschärfung darstellen würden, angebracht.

Eine andere Meinung vertritt u.a. Fischer, der bereits im Januar 2015 in einer Anhörung vor dem Ausschuss für Recht und Verbraucherschutz des Deutschen Bundestages betont, dass „'Lückenhaftigkeit' dem rechtsstaatlichen Strafrecht immanent ist"[78]. Des Weiteren führt er aus, dass einige Dutzend Fehlurteile einzelner Gerichte über den Zeitraum von mehreren Jahrzehnten noch lange keine Schutzlücken begründen.[79] Diese These leuchtet in der Tat ein. Jedoch überzeugt das Argument der „immanenten Lückenhaftigkeit" niemanden, wenn man überlegt, warum eine (lediglich) verbale Belästigung im Sinne einer Beleidigung seinen Platz im StGB findet, eine körperliche Belästigung (z.B. Griff an den Po) jedoch von einer Strafbarkeit ausgeschlossen sein soll.

4.3 Mediale Aufmerksamkeit: Kölner Silvesternacht 2015/2016

Teilforderungen der Istanbul-Konvention wurden erst nach einigen Jahren vom Deutschen Bundestag behandelt. So trat im Januar 2015, also vier Jahre nach der Konvention, ein Gesetz zum besseren Schutz von Kindern gegen sexuelle Ausbeutung und sexuellen Missbrauch sowie mit Verbesserungen im Bereich Kinder- und Jugendpornographie in Kraft.[80] Die Kernforderung nach einer Pönalisierung aller sexueller Übergriffe „gegen den Willen eines Anderen", also eine Reform des § 177 a.F., wurde nicht berücksichtigt.
Einzelne Verbände, wie etwa der Deutsche Juristinnenbund im Jahr 2014[81], wiesen immer wieder auf eine notwendige Reform des § 177 a.F. zu Gunsten der Umsetzung der Istanbul-Konvention hin.
Im Februar 2015 wurde vom BMJV eine Kommission zur Reform des Sexualstrafrechts ins Leben gerufen. Aufgaben dieser Kommission sollten sein:
- „sinnvolle Neuordnung des 13. Abschnitts des StGB
- Abbau von Wertungswidersprüchen

---

[77] Vgl. Hörnle, 2015a, S. 9, Bezjak, 2016, S. 558
[78] Fischer, 2015, S. 1
[79] Ebd. S. 11
[80] Vgl. 49. Gesetz zur Änderung des StGB - Umsetzung europäischer Vorgaben zum Sexualstrafrecht, 2015, S. 10
[81] Vgl. djb - Deutscher Juristinnenbund e.V., 2014

- Schließen von eventueller Strafbarkeitslücken
- Hinterfragen von möglicherweise überholten Strafvorschriften"[82]

Es war Ziel, dem Gesetzgeber im Frühjahr 2016 erste Ergebnisse vorzustellen.

Doch dann beschleunigte sich das öffentliche Interesse an dem Thema „Sexualstrafrecht" durch die Silvesternacht 2015: In dieser wurden in Köln und anderen deutschen Großstädten insbesondere Frauen massiv von männlichen Tätergruppierungen angegangen. Diese „Männer […] aus Nordafrika betatschten die Frauen an den Brüsten und im Intimbereich"[83]. Dies zum Teil derart grob, dass „Strumpfhose und Slip"[84] zerrissen wurden. Des Weiteren wurden die Opfer ausgeraubt indem ihnen z.B. ihre Handys entrissen wurden. Über 730 Geschädigte meldeten sich unmittelbar nach den Übergriffen allein bei der Kölner Polizei und erstatteten Anzeige.[85] Am Ende schlugen allein in Köln über 1200 Straftaten, davon über 500 Sexualdelikte zu Buche und der Kölner Polizeipräsident musste seinen Hut nehmen.[86]

Der Vorfall hatte einen Untersuchungsausschuss im Düsseldorfer Landtag zur Folge, bei dem nicht nur die unter massivem medialen Beschuss stehenden Landes-Innenminister Ralph Jäger und Ministerpräsidentin Hannelore Kraft, sondern auch Bundesinnenminister Thomas de Maiziere aussagen mussten. Weitere Brisanz kam hinzu, weil es sich bei über zwei Drittel der (wenigen ermittelten) Strafverdächtigen um Asylbewerber handelte, welche erst seit kurzer Zeit in der BRD waren.[87] Dies verschärfte den Druck auf die zu dieser Zeit wegen der Flüchtlingskrise ohnehin unter Druck stehende Bundesregierung enorm. Schlagzeilen wie etwa „Sexmob an Silvester: 2000 Täter, 1200 Opfer – BKA sieht Zusammenhang zur starken Zuwanderung"[88] waren an der Tagesordnung. Das Thema blieb über mehrere Wochen medial präsent.

Die Opposition im Bundestag sah anfänglich noch keinen Grund für Gesetzesverschärfungen, da es sich ausschließlich um ein „Vollzugsdefizit"[89] handelte. Justizminister Heiko Maas jedoch sprach bereits Mitte Januar davon, nun Schutzlücken schließen zu wollen, um das verloren gegangene Vertrauen in der Bevölkerung zurück zu gewinnen.[90] Sogar die sonst sehr zurückhaltende Bundeskanzlerin Merkel sah sich gezwungen zu beteuern, dass diese

---

[82] BMJV, 2015a
[83] Sex-Überfälle an Silvester, 2016
[84] Michel, Schönian, Thurm, & Steffen, 2016
[85] Ebd.
[86] Vgl. Diehl & Maxwill, 2017
[87] Vgl. Quadbeck, 2016
[88] Sexmob an Silvester, 2016
[89] Volker Beck, zitiert durch Kulms, 2016
[90] Ebd.

„widerwärtigen, kriminellen Taten [...] nach entschiedenen Antworten verlangen"[91]. Dies war letzten Endes der Auslöser, um das Gesetzgebungsverfahren bzgl. der oben genannten Schutzlücken beschleunigt aufzunehmen und zu diskutieren.

Umso älter das Jahr wurde, umso mehr geriet die Politik über die Medien unter Druck. Der mediale Aufschrei ging sogar so weit, dass unter der provokanten Schlagzeile „Wäre die Vagina doch ein Auto"[92] in einem Artikel des Magazins „Der Spiegel" suggeriert wurde, dass ein Pkw besser geschützt sei als das weibliche Geschlechtsteil. Unter anderem aufgrund derlei Zeitungsartikel, welche jeglichem juristischen Sachverstand entbehren, wurde Stimmung in der Bevölkerung gemacht und (im Zusammenhang mit den Ereignissen in Köln) Ängste geschürt. Dies hatte zur Folge, dass im Juni 2016, inmitten der heißen Phase des Gesetzgebungsverfahrens, einer ARD-Umfrage zufolge 86 % der Deutschen für eine Verschärfung des Sexualstrafrechts plädierten.[93]

Wie ein weiterer politischer Brandbeschleuniger wirkte der Fall des Models Gina-Lisa Lohfink. Diese zeigte an, im Juni 2012 von zwei jungen Männern vergewaltigt worden zu sein. Ein Video von der Tat, welches einer der beiden Männer filmte, wurde im Internet eingestellt. Darauf sei zu hören wie Lohfink „Nein" bzw. „Hör auf" sagt. Beide Männer erhielten Strafbefehle. Allerdings wegen ebendiesem Verbreiten des Videos im Internet, nicht wegen Vergewaltigung. Auch gegen das Model wurde im Dezember ein Strafbefehl erlassen: wegen falscher Verdächtigung.[94] Dagegen wehrte sich Lohfink und der Sachverhalt wurde vor dem Amtsgericht Berlin-Tiergarten verhandelt. Aufgrund der vermeintlichen Ungerechtigkeit, dass das mutmaßliche Opfer nun auf der Anklagebank sitzt, solidarisierten sich Hunderte Twitter-Nutzer unter dem Hashtag #teamginalisa. Darunter angeblich sogar die Familienministerin Manuela Schwesig.[95] Die daraus resultierende öffentliche Debatte „Nein muss auch Nein heißen" wurde durch den medialen Prozess zusätzlich befeuert. Die Politik stand zu diesem Zeitpunkt massiv unter Druck.

Doch bei genauerer Betrachtung löste sich die Empörung in Luft auf: Das „Nein" von Lohfink galt augenscheinlich nur dem Filmen an sich, nicht jedoch dem Sexualverkehr. In der ersten Anzeige (wegen illegaler Verbreitung der Bildaufnahmen im Internet) ihres Anwalts aus dem Jahr 2012 steht laut Angaben der „Zeit" im Fax an die Polizei sogar schwarz auf weiß, dass der Geschlechtsverkehr „einvernehmlich" geschehen sei. Zudem soll Lohfink nach der Tat

---

[91] Bundeskanzlerin Merkel zitiert nach „Berlin will Asylgesetze und das Sexualstrafrecht verschärfen", 2016
[92] Vgl. Stokowski, 2016
[93] Vgl. 86 Prozent für Verschärfung des Sexualstrafrechts, 2016
[94] Vgl. Rosenfeld, 2016
[95] Vgl. Feuerbach, 2016

noch zärtliche Textnachrichten an den Täter verschickt haben.[96] Im August 2016 wurde Lohfink zu einer Geldstrafe verurteilt. Ihre Revision wurde zum Jahresbeginn 2017 abgelehnt.[97]

5. Gesetzgebungsverfahren

5.1 Gesetzesvorschläge

Im Juli 2015, also vor den Ereignissen in Köln, hatte die **Fraktion Bündnis 90/Die Grünen** einen Entwurf zur Änderung des StGB „zur Verbesserung des Schutzes vor sexueller Misshandlung und Vergewaltigung"[98] in den Bundestag eingebracht. Die Einbringung des Gesetzes wurde neben der Notwendigkeit einer Umsetzung der Istanbul-Konvention damit begründet, dass aufgrund der Rechtsprechung zu den qualifizierten Nötigungsmitteln des § 177 a.F. (Gewalt, Drohung mit Gewalt, Ausnutzen einer objektiv schutzlosen Lage) die Anforderungen an Opfer zu hoch sind. Des Weiteren wird bemängelt, dass Überraschungsfälle nicht vom bislang geltenden Recht erfasst werden.[99] Als Lösung wird eine Neufassung des § 177 angestrebt, mit dem Ziel die derzeitigen „Schutzlücken soweit wie möglich zu schließen, ohne dabei sozialadäquates Anbahnungsverhalten zu kriminalisieren"[100].

Der Entwurf sah vor, den § 177 neu zu fassen und mit der Überschrift *„Sexuelle Misshandlung, Vergewaltigung"* zu versehen. Abs. I sollte zu einem Grundtatbestand geformt werden:

„Wer eine andere Person durch Drohung mit einem empfindlichen Übel nötigt, sexuelle Handlungen des Täters oder eines Dritten an sich zu dulden oder an dem Täter oder einem Dritten vorzunehmen, wird mit Freiheitsstrafe von sechs Monaten bis zu fünf Jahren bestraft."[101]

Durch diese Formulierung sollte der alte Tatbestand der Nötigung gem. § 240 Abs. I i.V.m. Abs. IV Nr. 1 in den zutreffenderen 13. Abschnitt des StGB überführt werden. Der Text wurde um die „Duldung" einer Handlung erweitert, um diese Lücke zu schließen. Auf den Begriff

---

[96] Vgl. Rosenfeld, 2016
[97] Vgl. Rietzschel, 2017
[98] Bündnis 90/ DIE GRÜNEN, 2015
[99] Vgl. Bündnis 90/ DIE GRÜNEN, 2015, S. 2
[100] Ebd. S. 2
[101] Ebd. S. 3

„Gewalt" verzichtete man bewusst. Gewaltanwendung oder Drohung mit gegenwärtiger Gefahr für Leib oder Leben sind als Qualifikationen in Abs. IV StGB-E zu finden und qualifizieren zum Verbrechen.
In Absatz II werden Handlungen unter Ausnutzen der „*Arg- oder Wehrlosigkeit des Opfers*"[102] sowie das Ignorieren des zum Ausdruck gebrachten entgegenstehenden Willens ebenso unter Strafe gestellt.[103] Unter „Arg- oder Wehrlosigkeit" sollen Überraschungsmomente sowie die früher unter § 179 a.F. genannten Straftatbestände fallen. Der Zusatz des „zum Ausdruck gebrachten entgegenstehenden Willens" wurde zur Erfüllung der Vorgaben der Istanbul-Konvention eingefügt. So soll eine Strafe auch dann erfolgen können, wenn Frauen sich nicht wehren bzw. der Täter selbst keine Gewalt oder Nötigungsmittel einsetzt. Erkennbarkeit soll dann gegeben sein, wenn „die Erklärung nach außen hin sichtbar ist"[104]. Das Opfer muss sich entweder verbal äußern, oder der Ablehnung durch sein Verhalten so Ausdruck verleihen, dass dies objektiv deutlich wird.[105] In diesem Gesetzentwurf wird sozusagen das erste Mal eine „Nein-heißt-Nein"-Lösung gemäß den Vorgaben der Istanbul-Konvention („without freely given consent", s.o.) in die deutsche politische Debatte eingebracht. In Abs. V und VI werden Regelbeispiele (Vergewaltigung) und weitere Qualifikationen (Mitführen Waffe) benannt.[106]

Die Fraktion Bündnis 90/DIE GRÜNEN geben zwar zu, dass es durch das geplante Schließen der Schutzlücken zu Gesetzesverschärfungen kommt. Jedoch wird betont, dass eine Ausweitung des Schutzbereiches auf „alle Sexualkontakte […] nicht sachgerecht" erscheint.[107]

Im Februar 2016, also nach den Ereignissen der Silvesternacht in Köln, brachte die **Fraktion DIE LINKE** einen eigenen Gesetzesentwurf in den Bundestag ein.[108] Auch diese Fraktion verweist auf eine Notwendigkeit nach Gesetzesänderungen im Sexualstrafrecht, da die alte Norm Schutzlücken aufweise. Dies gilt insbesondere für Fälle, in denen „objektiv keine schutzlose Lage [Anm.: § 177 Abs. 1 Alt. 3 a.F.] gegeben ist, auf eine Nötigung verzichtet wird, und in Fällen überraschender sexueller Angriffe"[109].

---

[102] Bündnis 90/ DIE GRÜNEN, 2015, S. 3
[103] Vgl. ebd. S. 3
[104] Ebd. S. 6
[105] Vgl. ebd. S. 6
[106] Vgl. ebd. S. 3
[107] Ebd. S. 2
[108] Vgl. DIE LINKE, 2016
[109] Ebd. S. 1

In diesem Lösungsvorschlag wird der 13. Abschnitt komplett neu geordnet. Das Grunddelikt wäre demzufolge in § 174 „*Nichteinvernehmliche sexuelle Handlungen, Vergewaltigung*" zu finden:[110]

Abs. I: „*Wer gegen den erkennbaren Willen einer anderen Person sexuelle Handlungen an dieser Person vornimmt oder an sich vornehmen lässt oder diese Person zur Vornahme oder Duldung einer sexuellen Handlung an sich oder einem Dritten bestimmt, wird mit Freiheitsstrafe bis zu zwei Jahren oder mit Geldstrafe bestraft.*"[111]

In der gewählten Formulierung wurde der klare Bezug zur „Nein-heißt-Nein"-Lösung deutlich.

§ 174 Abs. II des Entwurfs enthält die bisherigen Regelbeispiele (Vergewaltigung, gemeinschaftliche Begehungsweise), in den Abs. III und IV sind Qualifikationen (Mitführen/ Verwendung Waffe) aufgeführt.[112] Aufgrund der Tatsache, dass der Tatbestand wesentlich erweitert wurde und keinerlei Nötigungshandlung mehr erforderlich ist, wurde der Strafrahmen sinnvoll verändert. Der Entwurf sieht nun dasselbe Strafmaß vor wie etwa beim § 185 StGB (Beleidigung).

Im geplanten § 175 „*Sexuelle Nötigung*"[113] wurden alle Nötigungselemente vereint. Abs. I enthält wie bereits der Entwurf von Bündnis 90/DIE GRÜNEN den positiv veränderten (Duldung an sich selbst) Tatbestand des ursprünglichen § 240 Abs. I i.V.m. Abs. IV Nr. 1, welcher in den 13. Abschnitt übergeführt werden soll. Interessanterweise wurde die Versuchsstrafbarkeit hierzu nicht übernommen. Der geplante Abs. II enthält die bisher bekannten Nötigungselemente des alten § 177 Abs. I. Jedoch wurde der Begriff „Ausnutzen einer schutzlosen Lage" durch die (bereits im Vorschlag von Bündnis 90/ Die Grünen enthaltene) Fassung „Ausnutzung der Arg- und Wehrlosigkeit" ersetzt. Was genau darunter zu subsumieren sein soll, wird in der Begründung des Entwurfs nicht weiter erläutert. In den folgenden Absätzen des geplanten § 175 folgen Regelbeispiele des besonders schweren Falls und Qualifikationen ähnlich dem geplanten § 174 StGB-E. Nach dem Entwurf von DIE LINKE soll der alte § 179 „Sexueller Missbrauch widerstandsunfähiger Personen" in einen neuen § 177 „Sexuelle Handlungen unter Ausnutzung besonderer Umstände"[114] übergehen. Hier wurde im Grunde der Entwurf des BMJV aus dem Jahr 2015[115] übernommen. Abs. I regelt das „*Ausnutzen einer Lage, in der [...eine Person] aufgrund ihres körperlichen oder*

---

[110] Ebd. S. 5
[111] Ebd. S. 6
[112] Vgl. ebd. S. 6
[113] Ebd. S. 7
[114] DIE LINKE, 2016, S. 7
[115] Siehe im Text nachfolgende Erläuterungen.

psychischen Zustandes zur Bildung eines erkennbaren Willens außer Stande oder zum Widerstand unfähig ist"[116] oder dies aufgrund „*überraschende[r] Begehung*"[117] nicht möglich war. Auf der einen Seite entfällt hier die Eingrenzung auf geistig oder körperlich behinderte Personen. Das heißt auch ein vorübergehender Zustand zur Widerstandsunfähigkeit (Alkoholisierung, K.O.-Tropfen) wäre erfasst. Zum anderen wird hier die Schutzlücke des Überraschungsmoments geschlossen. In der Folge beinhaltet Abs. III noch Regelbeispiele eines besonders schweren Falls.

Der Gesetzentwurf der Fraktion DIE LINKE beherbergt einen weiteren sehr interessanten Ansatz. Aufgrund des sog. „Ultima-Ratio-Prinzips", wonach das Strafrecht nur als letztes Mittel zur Ahndung menschlicher Verhaltensweisen und der Wiederherstellung des Rechtsfriedens Legitimation erhält, sollen „sozial nicht adäquate Handlungen, die aber wegen […] relativ geringen Unrechtsgehalts nicht zwingend der Antwort mit dem Strafrecht bedürfen"[118] in das Ordnungswidrigkeitengesetz überführt werden. Konkret sollen dies die §§ 183 a.F. „Exhibitionistische Handlungen" und 183a a.F. „Erregung öffentlichen Ärgernisses sein".

Bereits im Juli 2015, vor den Eindrücken der Kölner Silvesternacht, hatte das Bundesministerium der Justiz und für Verbraucherschutz einen **Referentenentwurf** zur Verbesserung des Schutzes der sexuellen Selbstbestimmung erarbeitet, um der Istanbul-Konvention „noch besser gerecht zu werden"[119].
Überraschenderweise wurde dieser Referentenentwurf trotz der anhaltenden politischen Debatte am 25. April 2016 von der **Bundesregierung** als Gesetzentwurf eingebracht, ohne dass er nochmals an Themen der Debatte angepasst worden ist.[120] Als Begründung für die Reform des § 177 a.F. werden u.a. die enge Auslegung durch die Rechtsprechung (§ 177 Abs. I Nr. 3 a.F.) sowie eine Straflosigkeit bei überraschend ausgeführten Tathandlungen, bei denen es folglich an einer Nötigungshandlung mangelt, genannt. Dementsprechend gestaltete sich auch der Gesetzesentwurf. Eine Nicht-Einverständnis-Lösung gemäß der Istanbul-Konvention war vorerst nicht vorgesehen. Das Prüfen weiterer Änderungen oder gar die Einführung eines Grundtatbestands, bei dem die „Strafbarkeit allein an dem Fehlen eines

---

[116] DIE LINKE, 2016, S. 7
[117] Ebd. S. 8
[118] Ebd. S. 2 f.
[119] BMJV, 2015b, S. 1
[120] Vgl. BT-Dr. 18/8210, 2016

Einverständnisses [...] anknüpft, wird [...] von der Reformkommission zur Überarbeitung des 13. Abschnitts des Besonderen Teils des StGB geprüft"[121].

Der Entwurf sah eine Streichung der 3. Alternative (Ausnutzen einer schutzlosen Lage) im § 177 StGB vor.[122] Die größeren Änderungen befanden sich im neu gefassten § 179 StGB-E *„Sexueller Missbrauch unter Ausnutzung besonderer Umstände"*[123], welcher in den Grundzügen von der Fraktion DIE LINKE übernommen wurde. Neben dem Ausnutzen einer Lage, in welcher eine Person aufgrund körperlichen/psychischen Zustandes oder aufgrund einer überraschenden Begehung zum Widerstand unfähig ist (s.o.), wird in der Alternative drei ebenso erfasst, wenn die Person *„im Fall ihres Widerstandes ein empfindliches Übel befürchtet"*[124]. Durch diese Formulierung sollten laut Entwurfsbegründung die alten Fallkonstellationen des § 177 Abs. I Alt. 3 a.F. genauso erfasst werden, als auch die bislang in der Rechtsprechung aufgrund der engen Auslegung strittigen Fälle. Neben einigen anderen Kritikpunkten stieß insbesondere die Erläuterung, dass auch Fälle geregelt werden sollen, bei denen objektiv gar kein empfindliches Übel droht, sondern es von dem Opfer lediglich subjektiv befürchtet werde, auf sehr starke Kritik.[125] In dem Gesetzentwurf wurde vermerkt, dass dieser im Vorgriff wegen besonderer Eilbedürftigkeit bereits dem Bundesrat zugeleitet wurde.[126]

5.2 Beratungen

In der ersten Plenardebatte des Bundestages äußerte Justizminister Heiko Maas am 28.04.2016, dass er durch den Gesetzentwurf die „eklatanten Schutzlücken"[127] im deutschen Sexualstrafrecht schließen möchte. Dies seien Fälle, die v.a. unter die o.g. Kategorien drei und vier (siehe Kapitel 4.2) fallen. Diese gravierenden Lücken müssten laut dem Bundesjustizminister sofort geschlossen werden. Bezüglich weiterer Änderungen im 13. Abschnitt des StGB, insbesondere der Problematik des „Grapschens", wolle er erst die Ergebnisse der Reformkommission im Herbst abwarten.[128] Erstaunlicherweise wurde der eigene Vorschlag aus Fraktionen der Regierungskoalition als unzulänglich angesehen.

---

[121] Ebd. S. 9
[122] Vgl. ebd. S. 5
[123] Ebd. S. 5
[124] Ebd. S. 5
[125] Vgl. Clemm, 2016, Hörnle, 2016, Fischer, 2016a
[126] Vgl. BT-Dr. 18/8210, 2016, S. 3
[127] BT-Plenarprotokoll 18/167, 2016b, S. 16387
[128] Vgl. ebd. S. 16388f.; Anmerkung: Die Ergebnisse lagen Stand 12.07.2017 noch nicht vor.

Vielmehr hätte man bereits schon (nach den Ereignissen in Köln) „Grapschen" sowie Straftaten, begangen aus Gruppen eigens in den Gesetzentwurf aufnehmen sollen.[129]

In der ersten Debatte des **Bundesrates** am 13.05.2016 kam dieser zu dem Schluss, dass der Entwurf der Bundesregierung nicht weit genug gehe. Ein Täter, welche sich ohne Nötigungshandlung über ein „Nein" seines Opfers hinwegsetze, würde auch nach dem neuen Entwurf straffrei bleiben. Somit würde der Entwurf dem Schutzgut der sexuellen Selbstbestimmung nicht ausreichend gerecht werden.[130] Doch gerade der Wille stellt die „unmittelbare Verkörperung der sexuellen Selbstbestimmung"[131] dar, weshalb strafrechtliche Sanktionen an den Willen des vermeintlichen Opfers anknüpfen sollten.

Der Bundesrat schlug im Folgenden die zeitnahe Prüfung im laufenden Gesetzesverfahren dreier Punkte vor:

- Die Schaffung eines eigenen Grundtatbestands im § 177 StGB ohne jeglichen Bezug zu Widerstandshandlungen. Es wurde folgender Wortlaut vorgeschlagen:

    Mit *„Freiheitsstrafe bis zu fünf Jahren oder mit Geldstrafe [wird] bestraft, wer sexuelle Handlungen an einer Person gegen deren erklärten Willen oder unter Umständen, in denen die fehlende Zustimmung offensichtlich ist, vornimmt oder von dieser an sich vornehmen lässt oder diese Person zur Vornahme oder Duldung einer solchen Handlung an sich selbst oder mit einem Dritten bestimmt."* [132]

Mit dieser Formulierung hat sich der Bundesrat der Empfehlung von Prof. Dr. Tatjana Hörnle aus ihrem Gutachten im Auftrag des Deutschen Instituts für Menschenrechte angeschlossen und diese leicht modifiziert. Der Zusatz *„unter Umständen, in denen fehlende Zustimmung offensichtlich ist"*, soll Überrumpelungstaten erfassen. Der Strafrahmen ist (aufgrund der Tatbestandsausweitung) im Vergleich zum StGB a.F. („nicht unter einem Jahr"[133]) niedriger angesetzt. Die Formulierung bzgl. der „überraschenden Begehung" solle zu Gunsten o.g. Formulierung entfallen. Die bisher bestehenden Nötigungselemente sollten als Qualifikationen in denselben Tatbestand als eigener Absatz aufgenommen werden. Ebenso die bekannten Regelbeispiele.[134]

---

[129] Vgl. BT-Plenarprotokoll 18/167, 2016b, S. 16394 f.
[130] Vgl. BR.-Dr. 162/16 (B), 2016, S. 1 f.
[131] Ebd. S. 4
[132] Ebd., S. 2)
[133] Vgl. Synopse in Ziffer 1 des Anhangs
[134] Vgl. BR.-Dr. 162/16 (B) Stellungnahme des Bundesrates-Entwurf eines Gesetzes zur Änderung des StGB: Verbesserung des Schutzes der sexuellen Selbstbestimmung, 2016, S. 6 f.

- Der Bundesrat ging davon aus, dass seine Formulierung „gegen den Willen" auch Fälle fehlender Willensbildungsfähigkeit erfasst. Aufgrund dieser Annahme forderte er die Streichung des § 179 a.F. Zusätzlich wurde dies mit der bislang umstrittenen Diskriminierung behinderter Menschen[135] begründet. Ebenso sollte laut Bundesrat der in der neuen oben genannten Formulierung aufgehende § 240 Abs I i.V.m. Abs. IV Nr. 1 a.F. gestrichen werden.[136]

- Um Taten mit geringerem Unrechtsgehalt, welche aber durch die Reform pönalisiert werden sollen, unter Strafe stellen zu können, forderte der Bundesrat die Abschaffung des § 184h Nr. 1 a.F. Dadurch solle verhindert werden, tätliche sexuelle Belästigungen mit dem Tatbestand der Beleidigung auffangen zu müssen. Dies würde dem Grundrechtsschutz der sexuellen Selbstbestimmung nicht gerecht und sei überdies aufgrund der zusätzlich nachzuweisenden Ehrverletzung problematisch.[137]

- Sollte § 184h Nr. 1 nicht abgeschafft werden, so wurde die Bundesregierung gebeten, die Einführung eines § 184i „Sexuelle Belästigung" zu prüfen, um o.g. Sachverhalten gerecht zu werden: *„Wer eine andere Person körperlich sexuell belästigt, wird mit Freiheitsstrafe bis zu zwei Jahren oder mit Geldstrafe bestraft [...]"*[138]. Das Delikt soll als absolutes Antragsdelikt ausgestaltet sein.

- Des Weiteren wurde gebeten zu prüfen, inwieweit „sexuellen Übergriffen aus Gruppen [...] mit strafgesetzgeberischen Mitteln besser entgegengetreten werden kann"[139].

Der Bundesrat vergaß vorausschauenderweise nicht zu fragen, inwieweit „nicht strafwürdige Fallgestaltungen"[140] von einer Strafbarkeit ausgenommen werden können, um beispielsweise überraschende sexuelle Handlungen innerhalb einer intimen Beziehung nicht zu pönalisieren.

---

[135] § 179 a.F. hatte einen geringeren Mindest-Strafrahmen als § 177 a.F. Vgl. hierzu auch Schaubild Anhang Ziff. 2
[136] Vgl. BR.-Dr. 162/16 (B) Stellungnahme des Bundesrates-Entwurf eines Gesetzes zur Änderung des StGB: Verbesserung des Schutzes der sexuellen Selbstbestimmung, 2016, S. 4 f.
[137] Vgl. ebd. S. 5
[138] Ebd. S. 8
[139] Ebd. S. 9
[140] Ebd. S. 10

Am 01.06.2016 fand im **Ausschuss für Recht und Verbraucherschutz** zu den drei Gesetzentwürfen eine Expertenanhörung statt. Folgende Personen waren geladen[141]:
- Christina Clemm, Rechtsanwältin
- Prof. Dr. Jörg Eisele, Lehrstuhl für Deutsches und Europäisches Strafrecht, Eberhard-Karls-Universität Tübingen
- Dagmar Freudenberg, Vorsitzende der Kommission Strafrecht des Deutschen Juristinnenbundes e.V.
- Prof. Dr. Tatjana Hörnle, Lehrstuhl für Strafrecht und Rechtsphilosophie Humboldt-Universität Berlin
- Roswitha Müller-Piepenkötter, Bundesvorsitzende des Weißen Rings e.V.
- Erik Ohlenschlager, Leitender Oberstaatsanwalt, StA Bamberg
- Heike Rabe, Deutsches Institut für Menschenrechte

Somit handelte es sich fast ausschließlich um Experten, welche zuvor bereits eine Haltung zu Gunsten der „Nein-heißt-Nein"-Lösung vertraten. So schrieb z.B. der Deutsche Juristinnenbund, dass die „Umsetzung des Prinzips ‚Nein heißt Nein!' […] keine Frage des Könnens, sondern des Wollens"[142] ist. Das Institut für Menschenrechte war durch seine Autorin Hörnle[143] sozusagen sogar gleich zweimal vertreten. Kritischere Stimmen wie etwa Fischer, welcher im Jahr zuvor noch als Gutachter angehört wurde, waren nicht geladen.

Die meisten Experten kamen u.a. zu dem Ergebnis, dass Handlungen ohne eine Nötigung im Entwurf der Bundesregierung noch immer nicht ausreichend erfasst werden.[144] Zudem wurde die Formulierung aus § 179 Abs. I Nr. 3 des Regierungsentwurfs kritisiert. Dort war geplant einen Täter zu bestrafen, wenn objektiv kein empfindliches Übel vorliegt, aber das Opfer dieses „befürchtet"[145]. Nachdem dieser Umstand sowohl dem Opfer, als auch dem Täter bewusst sein muss (aber aufgrund der inneren Haltung des Opfers dem Täter vermutlich vorenthalten sein wird), würde diese geplante Regelung nach Ansicht mehrerer Experten zu Problemen führen.[146]

Dass die Bundesregierung in ihrem Entwurf keine Vorschläge zu neu zu pönalisierenden Taten unterhalb der Erheblichkeitsschwelle gemacht hat, wurde bereits durch den Bundesrat kritisiert. Dieser kann sich durch die Experten bestätigt sehen. Ohlenschlager meinte, dass

---

[141] Vgl. Deutscher Bundestag - Onlinedienst, 2016
[142] djb-Deutscher Juristinnenbund e.V., 2016, S. 3
[143] Vgl. Hörnle, 2015a
[144] Vgl. u.a. Hörnle, 2016, S. 4, Clemm, 2016, S. 4 f., Weisser Ring, 2016, S. 3, DIfM, 2016, S. 4
[145] Vgl. BT-Dr. 18/8210, 2016, S. 5
[146] Vgl. Clemm, 2016, S. 6, Ohlenschlager, 2016, S. 3 f.

diese Gesetzeslücke „aus Sicht der Strafverfolgungspraxis […] durch die Schaffung eines neuen Straftatbestandes der ‚sexuellen Belästigung mit Körperkontakt' geschlossen werden"[147] sollte. Zugleich warnt er allerdings davor, dass eine Ausweitung des Strafrechts in diesem Bereich Unsicherheiten bei der Anbahnung von Sexualkontakten und Scheu vor körperlicher Annäherung zur Folge haben könnte.[148]

Die erstaunlichste Tatsache bei der Expertenanhörung war jedoch, dass den Experten ein Tischpapier vorgelegt wurde, zu welchem sie Stellung beziehen sollten. Bei der Tischvorlage handelte es sich um ein „**Eckpunktepapier** zur Reform des Sexualstrafrechts – mit dem Grundsatz ‚Nein heißt Nein'"[149]. Es wurde von acht Abgeordneten der Fraktionen CDU/CSU und SPD initiiert. In dem Papier wird ein Paradigmenwechsel verlangt. Diesen würde nicht nur die Istanbul-Konvention einfordern. Bereits im Koalitionsvertrag wurde vereinbart: „Wir schließen zudem inakzeptable Schutzlücken und beseitigen Wertungswidersprüche im Sexualstrafrecht"[150].

Als Kernforderung waren folgende Punkte aufgeführt:
- Zusammenfassung der §§ 177 und 179 StGB a.F. Hierbei soll in einem neuen § 177 in Abs. I ein als Vergehen formulierter Grundtatbestand der Pönalisierung nicht einvernehmlicher sexueller Handlungen etabliert werden. In einem eigenen Absatz sollen bisherige Straftaten nach § 179 a.F. strafverschärfend berücksichtigt werden, sofern der Täter den körperlichen oder geistigen Zustand des Opfers ausnutzt.[151] Bei der Formulierung lehnte man sich an den Vorschlag von Hörnle[152] an und übernahm die Fassung des Bundesrates (s.o.), allerdings mit einem veränderten Strafrahmen. Lag dieser im Vorschlag des Bundesrates noch bei Freiheitsstrafe bis 5 Jahren oder Geldstrafe, so wurden von den Abgeordneten sechs Monate bis zehn Jahre gefordert.

    Abs. II soll lauten:

    „Ebenso wird bestraft, wer sexuelle Handlungen an einer Person vornimmt oder von dieser Person an sich vornehmen lässt oder diese Person zur Vornahme oder Duldung sexueller Handlungen an oder von einem Dritten bestimmt, wenn
    1. die Person nicht in der Lage ist, einen entgegenstehenden Willen zu bilden oder zu äußern,

---

[147] Ohlenschlager, 2016, S. 5
[148] Vgl. ebd. S. 5
[149] Högl, et al., 2016, S. 1
[150] Ebd. S. 1
[151] Vgl. ebd. S. 2 ff.
[152] Vgl. Hörnle, 2015a, S. 27

2. der Täter ausnutzt, dass die Person aufgrund ihres körperlichen oder psychischen Zustands in der Bildung oder Äußerung des Willens erheblich eingeschränkt ist, es sei denn, er hat sich der Zustimmung der Person zu der sexuellen Handlung versichert, oder
3. der Täter die Person zur Vornahme oder Duldung der sexuellen Handlungen durch Drohung mit einem empfindlichen Übel genötigt hat."[153]

Somit würde auch in diesem Vorschlag die Schutzlücke des Überraschungsmoments beseitigt, als auch die Norm des § 240 Abs. I i.V.m. Abs. IV Nr. 1 StGB a.F. (Nötigung) in den Bereich des 13. Abschnitts überführt.

Die bisherigen Straftatbestände des § 177 Abs. I a.F. sollen als Verbrechenstatbestände in einem Abs. V bestehen bleiben.

- In Anlehnung an den § 231 „Schlägerei" soll ein neuer Straftatbestand eingeführt werden, der sämtliche Beteiligten einer Gruppe unter Strafe stellt, sofern aus der Gruppe heraus sexuelle Übergriffe erfolgen. Durch diese Forderungen reagierten die Abgeordneten auf die wenigen Verurteilungen nach der Kölner Silvesternacht.[154]

- Um die Schutzlücken des „Grapschens" aus der Sphäre der Beleidigungsdelikte zu befreien, soll ein eigener Tatbestand § 179 StGB-E „Tätliche sexuelle Belästigung"[155] eingeführt werden:

„Wer eine andere Person durch eine Tätlichkeit sexuell belästigt, wird mit Freiheitsstrafe bis zu zwei Jahren oder mit Geldstrafe bestraft, wenn die Tat nicht in anderen Vorschriften mit schwererer Strafe bedroht ist."[156]

Das Delikt soll als relatives Antragsdelikt ausgestaltet sein und beinhaltet in Abs. II ein Regelbeispiel eines besonders schweren Falls (gemeinschaftliche Begehungsweise).

Insbesondere der Vorschlag zu Tatbegehungen aus Gruppen heraus sorgte bereits bei der Sachverständigenanhörung für wenig Zustimmung.[157]

Am 06. Juli 2016 erfolgte bereits die Beschlussempfehlung des Ausschusses für Recht und Verbraucherschutz des Deutschen Bundestages zu den drei Gesetzentwürfen. Im Grund

---
[153] Högl, et al., 2016, S. 6
[154] Anm.: Obwohl dies eher an den nur schwer zu ermittelnden unbekannten Tatverdächtigen lag.
[155] Högl, et al., 2016, S. 8
[156] Ebd. S. 8
[157] Vgl. Deutscher Bundestag - Onlinedienst, 2016

handelte es sich um Teile der Anregungen des Bundesrats sowie dem modifizierten Entwurf des Eckpunktepapiers der Abgeordneten.[158] Letzteres dürfte, insbesondere in dieser Kurzfristigkeit, ein relativ spektakuläres Ereignis in der neueren Gesetzgebung sein.

5.3 Beschluss und Verkündung

Schon am 07.07.2016, keine drei Monate nach Einbringung des Regierungsentwurfs, wurde das Gesetz in zweiter und dritter Lesung verabschiedet. Bemerkenswert ist nicht nur die Geschwindigkeit, in welcher dieses Gesetz zu Stande kam, sondern auch die Tatsache, dass o.g. Beschlussempfehlung von allen Fraktionen einstimmig getragen wurde. Es stimmte kein einziger Abgeordneter dagegen. Der Bundesrat stimmte am 23.09.2016 für das Gesetz.

Es erschien am 09.11.2016 im Bundesgesetzblatt und trat am Folgetag als „50. Gesetz zur Änderung des Strafgesetzbuches – Verbesserung des Schutzes der sexuellen Selbstbestimmung"[159] in Kraft.

6. Erfolgte Gesetzesänderungen / Synopse

6.1 § 177 StGB: Sexueller Übergriff; sexuelle Nötigung; Vergewaltigung

Durch die Reform wird die sogenannte „Nein-heißt-Nein"-Lösung im neuen § 177 StGB n.F. implementiert. Hierdurch wollte man der Istanbul-Konvention Rechnung tragen, gleichwohl diese noch (immer) nicht vom Bundestag ratifiziert wurde. Zudem wird auf die Umsetzung des Koalitionsvertrages verwiesen. Wie vom Bundesrat und in dem Eckpunktepapier der Abgeordneten gefordert, wurden die alten §§ 177 und 179 in einen gemeinsamen Paragraphen 177 n.F. mit neun Absätzen unter der Überschrift „*Sexueller Übergriff; sexuelle Nötigung; Vergewaltigung*"[160] zusammengeführt. Wie auf der gegenüberstellenden Synopse[161] auf der folgenden Seite ersichtlich wird, wurden manche alten Tatbestände fast wortgleich übernommen.

---

[158] Vgl. Ausschuss für Recht und Verbraucherschutz (6. Ausschuss), 2016
[159] Vgl. 50. Gesetz zur Änderung des Strafgesetzbuches - Verbesserung des Schutzes der sexuellen Selbstbestimmung, 2016
[160] Ebd., S. 2460
[161] Im Anhang unter Ziffer 1 werden alle Synopsen zu geänderten Paragraphen nochmals in entsprechender Reihenfolge aufgeführt.

Synopse[162] zu § 177:

alt	neu	Bemerkungen
§ 177 Sexuelle Nötigung; Vergewaltigung	**§ 177 Sexueller Übergriff; sexuelle Nötigung; Vergewaltigung**	
	(1) Wer **gegen den erkennbaren Willen** einer anderen Person sexuelle Handlungen an dieser Person vornimmt oder von ihr vornehmen lässt oder diese Person zur Vornahme oder Duldung sexueller Handlungen an oder von einem Dritten bestimmt, wird mit Freiheitsstrafe von **sechs Monaten bis zu fünf Jahren** bestraft.	sex Übergriff, Grunddelikt neu
	(2) **Ebenso** wird bestraft, wer sexuelle Handlungen an einer anderen Person vornimmt oder von ihr vornehmen lässt oder diese Person zur Vornahme oder Duldung sexueller Handlungen an oder von einem Dritten bestimmt, **wenn**	sex Übergriff, Grunddelikt neu
	1. der Täter ausnutzt, dass die Person **nicht in der Lage ist, einen entgegenstehenden Willen zu bilden oder zu äußern**,	unfähig Willen zu bilden 179 I, II aF
	2. der Täter ausnutzt, dass die Person auf Grund ihres **körperlichen oder psychischen Zustands in der Bildung oder Äußerung des Willens erheblich eingeschränkt ist, es sei denn, er hat sich der Zustimmung dieser Person versichert,**	Willensbildung erhebl. eingeschränkt neu
	3. der Täter ein **Überraschungsmoment** ausnutzt,	Überraschungsmoment, neu
	4. der Täter eine **Lage ausnutzt**, in der dem Opfer bei Widerstand ein empfindliches Übel droht, oder	Lage ausnutzen neu
	5. der Täter die Person zur Vornahme oder Duldung der sexuellen Handlung durch Drohung mit einem empfindlichen Übel genötigt hat.	sex Nötigung, Grunddelikt 240 IV2 Nr1 aF
	(3) Der Versuch ist strafbar.	
	(4) Auf Freiheitsstrafe **nicht unter einem Jahr** ist zu erkennen, wenn die Unfähigkeit, einen Willen zu bilden oder zu äußern, auf einer **Krankheit** oder **Behinderung** des Opfers beruht.	sex Übergriff, Qual. 177 II 1 179 I, II aF
(1) Wer eine andere Person 1. mit Gewalt, 2. durch Drohung mit gegenwärtiger Gefahr für Leib oder Leben oder 3. unter Ausnutzung einer Lage, in der das Opfer der Einwirkung des Täters schutzlos ausgeliefert ist, ~~nötigt,~~ sexuelle Handlungen des Täters oder eines Dritten an sich zu dulden oder an dem Täter oder einem Dritten vorzunehmen, wird mit Freiheitsstrafe ~~nicht unter einem Jahr~~ bestraft.	**(5)** Auf Freiheitsstrafe **nicht unter einem Jahr** ist zu erkennen, wenn der Täter	
	1. **gegenüber dem Opfer** Gewalt anwendet,	sex Übergriff, Qual. 177 I, II - 177 I 1 bzw 240 IV2Nr1 aF
	2. dem Opfer mit gegenwärtiger Gefahr für Leib oder Leben droht oder	sex Übergriff, Qual. 177 I, II 177 I 2 aF
	3. eine Lage ausnutzt, in der das Opfer der Einwirkung des Täters schutzlos ausgeliefert ist.	sex Übergriff, Qual. 177 I, II 177 I 3aF
(2) In besonders schweren Fällen ist die Strafe Freiheitsstrafe nicht unter zwei Jahren. Ein besonders schwerer Fall liegt in der Regel vor, wenn 1. der Täter mit dem Opfer den Beischlaf vollzieht oder ähnliche sexuelle Handlungen an dem Opfer vornimmt oder ~~an sich~~ von ihm vornehmen läßt, die dieses besonders erniedrigen, insbesondere, wenn sie mit einem Eindringen in den Körper verbunden sind (Vergewaltigung), oder	**(6)** In besonders schweren Fällen ist auf Freiheitsstrafe **nicht unter zwei Jahren** zu erkennen. Ein **besonders schwerer Fall** liegt in der Regel vor, wenn 1. der Täter mit dem Opfer den Beischlaf vollzieht oder **vollziehen lässt** oder ähnliche sexuelle Handlungen an dem Opfer vornimmt oder **von ihm vornehmen** lässt, die dieses besonders erniedrigen, insbesondere wenn sie mit einem Eindringen in den Körper verbunden sind (**Vergewaltigung**), oder	Vergewaltigung zu Grunddelikten Regelbeispiel zu 177 I, II 177 II 1 aF
2. die Tat von mehreren gemeinschaftlich begangen wird.		
(3) Auf Freiheitsstrafe nicht unter drei Jahren ist zu erkennen, wenn der Täter	**(7)** Auf Freiheitsstrafe **nicht unter drei Jahren** ist zu erkennen, wenn der Täter	Qual. zu 177 I, II
1. eine Waffe oder ein anderes gefährliches Werkzeug bei sich führt,		
2. sonst ein Werkzeug oder Mittel bei sich führt, um den Widerstand einer anderen Person durch Gewalt oder Drohung mit Gewalt zu verhindern oder zu überwinden, oder		
3. das Opfer ~~durch die Tat~~ in die Gefahr einer schweren Gesundheitsschädigung bringt.	3. das Opfer in die Gefahr einer schweren Gesundheitsschädigung bringt.	
(4) Auf Freiheitsstrafe nicht unter fünf Jahren ist zu erkennen, ~~wenn der Täter~~	**(8)** Auf Freiheitsstrafe **nicht unter fünf Jahren** ist zu erkennen, ~~wenn der Täter~~	Qual. zu 177 I, II
1. bei der Tat eine Waffe oder ein anderes gefährliches Werkzeug verwendet oder		
2. das Opfer		
a) bei der Tat körperlich schwer mißhandelt oder	a) bei der Tat körperlich schwer misshandelt oder	
b) durch die Tat in die Gefahr des Todes bringt.		
~~(5) In minder schweren Fällen des Absatzes 1 ist auf Freiheitsstrafe von sechs Monaten bis zu fünf Jahren, in minder schweren Fällen der Absätze 3 und 4 auf Freiheitsstrafe von einem Jahr bis zu zehn Jahren zu erkennen.~~	**(9)** In **minder schweren** Fällen der Absätze 1 und 2 ist auf Freiheitsstrafe von drei Monaten bis zu drei Jahren, in minder schweren Fällen der Absätze 4 und 5 ist auf Freiheitsstrafe von sechs Monaten bis zu zehn Jahren, in minder schweren Fällen der Absätze 7 und 8 ist auf Freiheitsstrafe von einem Jahr bis zu zehn Jahren zu erkennen.	

---

[162] Änderungen sind entsprechend farblich markiert.

Grafische Darstellung[163] des § 177 n.F.:

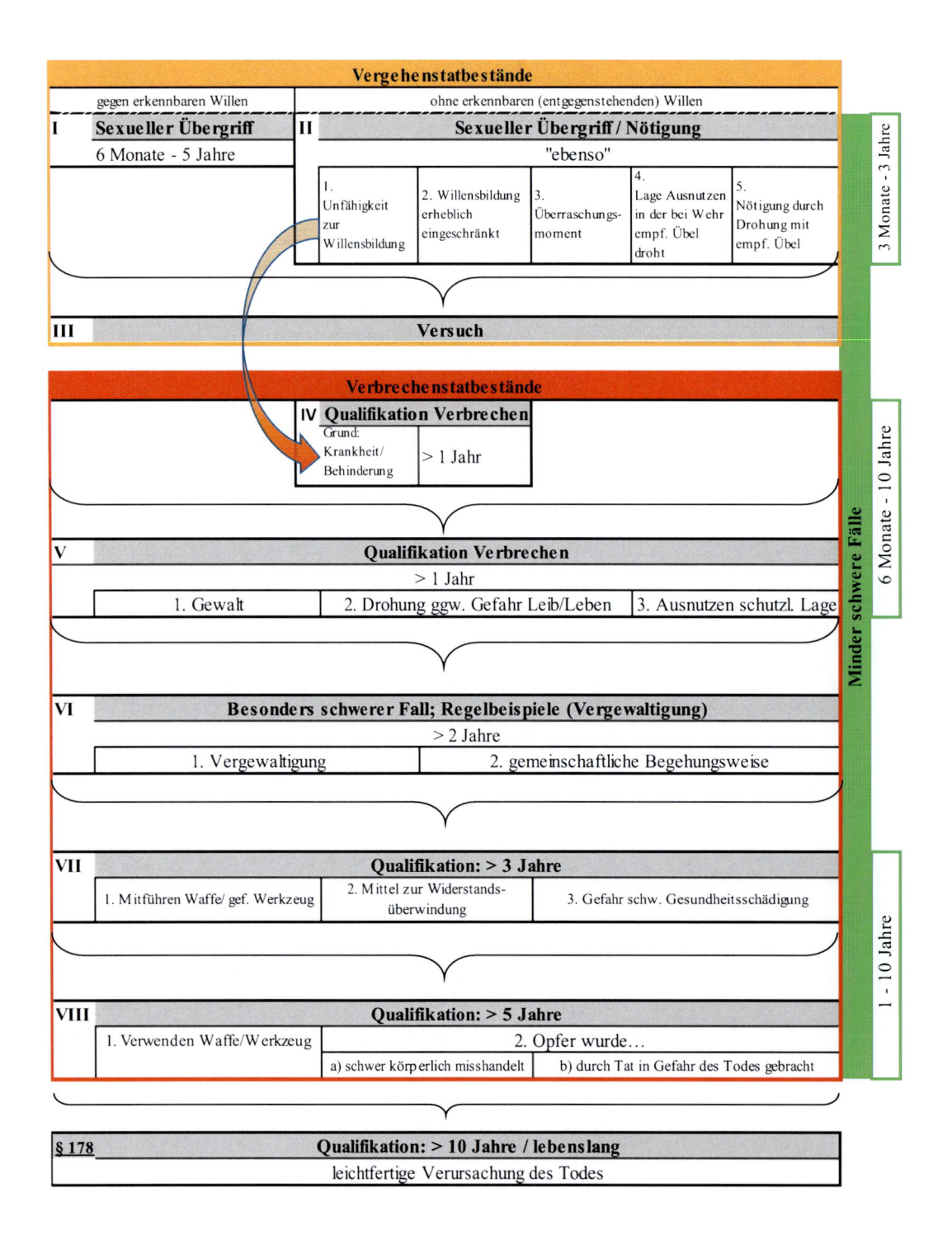

	Vergehenstatbestände					
	gegen erkennbaren Willen	ohne erkennbaren (entgegenstehenden) Willen				
I	Sexueller Übergriff 6 Monate - 5 Jahre	II	Sexueller Übergriff / Nötigung "ebenso"			
			1. Unfähigkeit zur Willensbildung	2. Willensbildung erheblich eingeschränkt	3. Überraschungsmoment	4. Lage Ausnutzen in der bei Wehr empf. Übel droht	5. Nötigung durch Drohung mit empf. Übel
III	Versuch					

3 Monate - 3 Jahre

	Verbrechenstatbestände		
IV	Qualifikation Verbrechen Grund: Krankheit/ Behinderung	> 1 Jahr	
V	Qualifikation Verbrechen > 1 Jahr		
	1. Gewalt	2. Drohung ggw. Gefahr Leib/Leben	3. Ausnutzen schutzl. Lage
VI	Besonders schwerer Fall; Regelbeispiele (Vergewaltigung) > 2 Jahre		
	1. Vergewaltigung	2. gemeinschaftliche Begehungsweise	
VII	Qualifikation: > 3 Jahre		
	1. Mitführen Waffe/ gef. Werkzeug	2. Mittel zur Widerstandsüberwindung	3. Gefahr schw. Gesundheitsschädigung
VIII	Qualifikation: > 5 Jahre		
	1. Verwenden Waffe/Werkzeug	2. Opfer wurde... a) schwer körperlich misshandelt	b) durch Tat in Gefahr des Todes gebracht
§ 178	Qualifikation: > 10 Jahre / lebenslang		
	leichtfertige Verursachung des Todes		

Minder schwere Fälle: 6 Monate - 10 Jahre / 1 - 10 Jahre

In **Absatz I** ist der neue Grundtatbestand „gegen den erkennbaren Willen" verwirklicht. Somit hat man sich das erste Mal in der deutschen Rechtsgeschichte von der Gewalt- bzw.

---

[163] Eine grafische Darstellung sowohl des 177 n.F. als auch des 177 a.F. sind zur einfachen Gegenüberstellung im Anhang unter Ziffer 2 abgebildet.

Nötigungshandlung als Grundsatz verabschiedet. Der Gesetzgeber stellt von nun an den „Wille[n] des Opfers [...] in das Zentrum der Verletzung der sexuellen Selbstbestimmung"[164]. Dieser entgegenstehende Wille muss eindeutig vom Opfer erbracht werden, denn dies kann laut Gesetzesbegründung dem Opfer zugemutet werden. Dabei reicht auch eine konkludente Handlung, z.B. das Abwehren eines sexuellen Angriffs.[165] Ob der entgegenstehende Wille „erkennbar" war, soll laut Gesetzesbegründung aus der „Sicht eines objektiven Dritten"[166] beurteilt werden. Unter Strafe gestellt wären nun durch die Formulierung „von ihr vornehmen lässt" neben Handlungen des Opfers am Täter auch erstmals Handlungen des Opfers an sich selbst (auf Drängen des Täters). Der Strafrahmen ist mit einer Strafandrohung von sechs Monaten bis fünf Jahren zwar niedriger als in der alten Norm. Man muss hierbei jedoch berücksichtigen, dass eine Ausweitung und Verschärfung des Sexualstrafrechts stattgefunden hat und es sich beim § 177 Abs. I StGB n.F. um einen Grundtatbestand handelt. In minder schweren Fällen, welche nur leicht über der Erheblichkeitsschwelle des § 184h StGB (dieser wurde im Gesetzesverfahren nicht angetastet) liegen, sind Strafen von drei Monaten bis zu drei Jahren vorgesehen.

Bsp. 1:
Der 18-jährige A lernt auf einer Feier die gleichaltrige B kennen. Sie kommen sich beim Tanzen näher. A umschlingt die B noch enger, diese möchte das allerdings nicht und schiebt ihn von sich weg. A greift ihr dennoch unter der Kleidung an die Brust.
Da ein Griff an die Brust unter der Kleidung i.d.R. eine sexuelle Handlung i.S. des § 184h darstellt, hätte A in diesem Beispiel bereits den Tatbestand erfüllt. Nach altem Recht hätte dies nicht unter Strafe gestanden. Möglicherweise hätte er sich (bei einer Bejahung der besonderen Ehrverletzung) einer Beleidigung strafbar gemacht.

Bsp. 2:
Die 40-jährige B hat abends Lust auf Sex mit ihrem gleichaltrigen Ehemann A. Während sie beide am Sofa sitzen fasst sie ihn zuerst über und dann unter der Hose an seinem Geschlechtsteil an, um ihn zu stimulieren. A äußert, dass er müde ist und keine Lust habe. Die B glaubt jedoch, dass A wie sonst auch, nach einiger Zeit doch Lust bekommen wird und macht einfach weiter.

---

[164] Ausschuss für Recht und Verbraucherschutz (6. Ausschuss), 2016, S. 21
[165] Vgl. Ausschuss für Recht und Verbraucherschutz (6. Ausschuss), 2016, S. 23
[166] Ebd. S. 22

Auch in diesem Beispiel ignoriert die „Täterin" den entgegenstehenden Willen des Opfers und hätte den Straftatbestand verwirklicht.

Der **Absatz II** soll in Fallkonstellationen greifen, in denen ein entgegenstehender Wille des Opfers nicht erkennbar ist. In der Erläuterung hierzu erklärt der Gesetzgeber, dass dies Fälle sein können, in denen das Opfer objektiv nicht dazu in der Lage ist einen entgegenstehenden Willen zu bilden, oder aber es dem Opfer nicht zugemutet werden kann einen entgegenstehenden Willen zu äußern. Die Strafandrohung in den 5 genannten Tatbeständen ist dieselbe wie im Abs. I. Es ist jeweils das Bestimmen zu einer sexuellen Handlung strafbar,
…

1. …wenn der Täter es sich zu Nutze macht, dass das Opfer zur Willensbildung oder Willensäußerung nicht fähig ist.

    Der Gesetzgeber wollte unter diese Norm die ursprünglichen Fälle des alten § 179 Abs. I subsumieren. Hierbei wurden die bereits länger diskutierten Diskriminierungen von Behinderten (schwächere Strafandrohung[167]) beseitigt.[168] Durch die beiden Variationen „Willensbildung" und „Willensäußerung" werden ursprüngliche Missbrauchstatbestände (Willensbildung) mit Nötigungstatbeständen (Willensäußerung) vermischt.[169] Von Seiten des Gesetzgebers wird eine absolute Unfähigkeit zur Willensbildung verlangt. Dies könnte etwa bei Schlaf, Bewusstlosigkeit, Narkose oder etwa durch K.O.-Tropfen[170] gegeben sein.

    Bsp. 3:
    Die 30-jährige A wird im Büro bewusstlos. Ihr Zimmerkollege B vergeht sich an ihr (z.B. Griff unter die Kleidung an die Brust, Griff an Geschlechtsteile, Geschlechtsverkehr).

2. …wenn der Täter es sich zu Nutze macht, dass das Opfer aufgrund des körperlichen oder psychischen Zustandes in der Willensbildung oder der Willensäußerung erheblich eingeschränkt ist. Dies greift nicht, sofern derjenige sich der Zustimmung des Anderen versichert hat.

---

[167] Vgl. Graphische Darstellung im Anhang, Ziffer 2
[168] Vgl. Bezjak, 2016, S. 563
[169] Vgl. Fischer, 2017, S. 1231
[170] Beachte: Ein Beibringen durch den Täter würde die Qualifikation des Abs. V Nr. 1 nach sich ziehen.

Diese Norm ist neu. Sie soll unter anderem bei stark alkoholisierten Personen oder bei Menschen mit Behinderungen, welche beispielsweise eine „erhebliche Intelligenzminderung"[171] bedingt, angewandt werden. Zeitgleich soll diesen Personen ihr allgemeines Persönlichkeitsrecht aus Art. 1 Abs. 1 i.V.m. Art. 2 Abs. 1 des Grundgesetzes garantiert werden. Um keine Missverständnisse aufkommen zu lassen hat sich der Gesetzgeber deshalb hier für eine Umkehr des „Nein-heißt-Nein"-Grundsatzes entschieden, so dass man für diese Konstellation von einem „Nur-Ja-heißt-Ja" sprechen muss. Die Zustimmung kann verbal geäußert werden oder durch schlüssiges Handeln erfolgen. Es wird jedoch ganz eindeutig gefordert, dass die Zustimmung vor der sexuellen Handlung eingeholt wird. Der Gesetzgeber weist in der Begründung darauf hin, dass eine mangelnde Zustimmung vor der sexuellen Handlung auch dann zu einer Strafbarkeit führt, wenn die geschützte Person im Nachhinein bekundet mit der Handlung einverstanden gewesen zu sein.[172]

Bsp. 4:
Die 70-jährige A möchte Geschlechtsverkehr mit ihrem gleichaltrigen an Demenz erkranktem und geistig manchmal verwirrten Ehemann. Um sich nicht strafbar zu machen, muss sie sich vorab seine Zustimmung zu sexuellen Handlungen einholen.

3. ...wenn der Täter ein Überraschungsmoment ausnutzt.
Auch diese Norm wurde neu in das Gesetz aufgenommen und soll eine ganz wesentlich bemängelte Schutzlücke schließen (s.o. Kapitel 4.2 Ziffer 3). Dieser Tatbestand soll in solchen Fällen gelten, in denen das Opfer grundsätzlich nicht mit der Handlung einverstanden ist, aber aufgrund der überrumpelnden Begehungsweise des Täters nicht die Zeit hat, einen entgegenstehenden Willen zu bilden bzw. diesen zu äußern.

Bsp. 5:
Die erwachsene A befindet sich in einer öffentlichen Sauna. Als sie sich in einer Dampfsauna neben den B setzt, greift ihr dieser unvermittelt an die Genitalien.

---

[171] Ausschuss für Recht und Verbraucherschutz (6. Ausschuss), 2016, S. 24
[172] Ebd. S. 25

4. ...wenn der Täter eine Lage ausnutzt, in der dem Opfer bei Widerstand ein empfindliches Übel droht.

Mit dieser neuen Regelung möchte der Gesetzgeber die sogenannten Fälle des „Klimas-der-Gewalt" (s.o. Kapitel 4.2 Ziffer 4) erfassen.[173]

Der Begriff des „empfindlichen Übels" ist an § 240 StGB angelehnt und meint insofern eine vom Betroffenen „als nachteilig empfundene Veränderung in der Außenwelt [...] [welche] von einiger Erheblichkeit"[174] ist.

Bsp. 6:

Der A hat seine Ehefrau B in der Vergangenheit wiederholt geschlagen und sich sexuell an ihr vergangen. Er fordert sie nun zum Geschlechtsverkehr auf. Die B möchte das nicht, aber aus Angst vor einem erneuten Gewaltausbruch ihres Mannes fügt sie sich.

Bsp. 7:

Der Vorgesetzte A sagt zur Angestellten B, wenn sie mit ihm Geschlechtsverkehr haben würde, dann würde er bei der demnächst anstehenden Kündigungswelle bei der Personalabteilung ein gutes Wort für sie einlegen. Gem. StGB-E der Bundesregierung, welcher einen ähnlichen Wortlaut wie das jetzige Gesetz hat, wäre in diesem Fall eine Strafbarkeit zu verneinen, weil es sich um kein empfindliches Übel handelt bzw. der Geschlechtsverkehr auf frei verantwortlichem Willen beruht.[175]

Laut Hörnle ist unter „Widerstand" bereits verbaler Widerstand bzw. Weigerung an sich zu subsumieren.[176] Dies leuchtet ein, da ansonsten bei einem formuliertem „Nein" bereits Abs. I greifen würde.

5. ...wenn der Täter durch Drohung mit einem empfindlichen Übel genötigt hat.

Der Gesetzgeber hat den Nötigungstatbestand aus § 240 Abs. I i.V.m. Abs. IV S. 2 Nr. 1 StGB a.F., welcher im Gegenzug gestrichen wurde, nun in den 13. Abschnitt überführt. Der Strafrahmen entspricht dem der vorherigen Nötigung. Durch die entsprechende Formulierung ist nun nicht nur das Nötigen zu einer Handlung, sondern auch die Nötigung zu einer Duldung erfasst. Somit wurde eine weitere Schutzlücke

---

[173] Vgl. Ausschuss für Recht und Verbraucherschutz (6. Ausschuss), 2016, S. 26
[174] Fischer, Strafgesetzbuch und Nebengesetze, 2017, S. 1719 f.
[175] Vgl. Hörnle, 2017, S. 18, BT-Dr. 18/8210, 2016, S. 17
[176] Vgl. Hörnle, 2017, S. 18, Fischer, 2017, S. 1230

(Kapitel 4.2 Ziffer 5) geschlossen. Die Nummer fünf ist der einzige Tatbestand, bei dem der Täter aktiv auf die Willensbildung bzw. die Willensäußerung mittels einer Nötigungshandlung einwirken muss. Allein diese Norm rechtfertigt noch den Begriff „sexuelle Nötigung" in der Überschrift des § 177.

Absatz I und II sind in der Summe jeweils als Grunddelikte („sexueller Übergriff") des neuen Sexualstrafrechts anzusehen.

Der **Absatz III** regelt die Versuchsstrafbarkeit der beiden vorangestellten Absätze.

Absatz IV enthält eine Qualifikation des Grunddelikts nach Abs. II Nr. 1 und macht eine solche Tat zum Verbrechen. Dies ist dann der Fall, wenn die Unfähigkeit einer Willensbildung bzw. einer Willensäußerung „vorübergehend oder dauerhaft [auf einer] körperlichen oder psychischen"[177] Krankheit oder Behinderung beruht. Krankheit wird in der Gesetzesbegründung definiert als „regelwidrige[r] Körper- oder Geisteszustand, der Behandlungsbedürftigkeit und/oder Arbeitsunfähigkeit zur Folge hat"[178]. Gem. § 2 des 9. Sozialgesetzbuches gelten Menschen als behindert, wenn „ihre körperliche Funktion, geistige Fähigkeit oder seelische Gesundheit mit hoher Wahrscheinlichkeit länger als sechs Monate von dem für das Lebensalter typischen Zustand [abweicht] und dadurch ihre Teilhabe am Leben beeinträchtigt"[179] ist. Um diese beiden Personengruppen besonders zu schützen hat der Gesetzgeber einen erhöhten Strafrahmen von einem bis 15 Jahren Freiheitsstrafe vorgesehen.

Die bisherigen Tatbestände des § 177 a.F. finden sich in sehr ähnlicher Form mit unveränderter Strafandrohung („nicht unter einem Jahr") im neuen **Absatz V** wieder. Hier kommen (neben dem Abs. II Nr. 5) die bekannten Nötigungsmerkmale zur Geltung, ohne allerdings den Begriff „nötigen" zu verwenden. Vom Sprachgebrauch her handelt es sich also um den in der Paragraphen-Überschrift genannten „sexuellen Übergriff".

So wird in der **Nummer 1** ein Täter belangt, sofern er gegenüber dem Opfer Gewalt anwendet und so beispielsweise einen entgegenstehenden Willen bricht. Hierunter wäre etwa auch das Beibringen von Rauschmitteln oder sog. K.O.-Tropfen zu subsumieren. Gewaltanwendung gegen eine andere Person als das Opfer würde nicht unter Abs. V Nr. 1 fallen. Darüber hinaus

---

[177] Ausschuss für Recht und Verbraucherschutz (6. Ausschuss), 2016, S. 26
[178] Ebd. S. 26
[179] Sozialgesetzbuch Neuntes Buch, 2001

muss die Gewaltanwendung nicht unbedingt zur Erlangung der sexuellen Handlung erfolgen, es muss also kein finaler Zusammenhang mehr bestehen.[180] Dies wurde in der Diskussion um die Schutzlücken noch bemängelt (siehe Kapitel 4.2 Ziffer 1).

Wenn der Täter dem Opfer mit gegenwärtiger Gefahr für Leib oder Leben droht, so wäre die Variante des **Abs. V. Nr. 2** erfüllt. Gemäß Gesetzesbegründung ist es nicht erforderlich, dass die Drohung einen finalen Zusammenhang zur sexuellen Handlung haben muss. Eine Drohung gegenüber Dritten genügt nicht für die Tatbestandsmäßigkeit.[181]

Bsp. 8:
Der A droht B massive Schläge an, falls sie nicht mit ihm über ihre Eheprobleme redet. B redet nun mit ihm, lehnt aber Sex ab. Nach einigen Minuten fragt der A sie nachdrücklich, ob sie nun mit ihm Geschlechtsverkehr haben möchte, wohl wissend, dass die B aufgrund seiner vorherigen Drohung noch eingeschüchtert sein könnte.

Abs. V Nummer 3 greift den ursprünglichen Gedanken des § 177 Abs. I Nr. 3 auf. Hier wird das Ausnutzen einer schutzlosen Lage unter Strafe gestellt. Es muss sich um eine objektiv schutzlose Lage handeln, welche zum Ergebnis hat, dass die „Schutz- und Verteidigungsmöglichkeiten des Opfers in einem solchen Maß vermindert sind, dass es dem ungehemmten Einfluss des Täters preisgegeben ist"[182].

Absatz VI beinhaltet Regelbeispiele des besonders schweren Falles (z.B. Vergewaltigung). Die Satzbedeutung wurde lediglich dahingehend geändert, dass nun auch Handlungen des Opfers an sich selbst erfasst sind (... „von ihm [Anm.: dem Opfer] vornehmen lässt"[183] ...). Das Strafmaß (nicht unter zwei Jahren) blieb unverändert. Dieser Absatz gewinnt insofern an Bedeutung, als dass er nicht mehr wie bisher einer Nötigungshandlung als Voraussetzung bedarf. Diese Norm ist vielmehr auf alle Absätze mit Grunddelikten (I, II, IV und V) anzuwenden. Somit handelt es sich hierbei, insbesondere bezüglich der Strafzumessung, um eine ganz erhebliche Verschärfung des Sexualstrafrechts.

---

[180] Vgl. Ausschuss für Recht und Verbraucherschutz (6. Ausschuss), 2016, S. 27
[181] Vgl. ebd. S. 27
[182] Ebd. S. 27
[183] 50. Gesetz zur Änderung des Strafgesetzbuches - Verbesserung des Schutzes der sexuellen Selbstbestimmung, 2016, S. 2460

Bsp. 9:

Der 20-jährige A und sein gleichaltriger Freund B sind auf einer Feier. Dort lernen sie die gleichaltrige C kennen. Nachdem die drei sich gut verstehen, geht man gemeinsam in einen Nebenraum, um dort ungestört zu sein. Die Männer und die Frau küssen sich, C ist damit einverstanden. Nachdem die Männer nun „mehr" wollen, greifen ihr sowohl der A als auch der B unter dem Shirt an die Brust. Dies möchte die C nicht und äußert dies auch, doch A und B wollen den Stimmungswechsel nicht wahrhaben und versuchen die C mit jeweils einem weiteren Griff an die Brüste umzustimmen. Erst nach einem erneuten „Nein" hören die beiden auf. Somit hätten sich beide eines Verbrechens des besonders schweren Falles eines sexuellen Übergriffs gem. § 177 Abs. I, VI Nr. 2 n.F. strafbar gemacht, weil sie gemeinschaftlich handelten.

In **Absatz VII** handelt es sich um die bekannten Qualifikationen aus dem bisherigen § 177 Abs. III. Im Text fand lediglich eine kleine Modifikation statt. So muss die Gefahr einer schweren Gesundheitsschädigung nicht mehr *durch die Tat* erfolgen.

Absatz VIII wurde zum alten § 177 IV lediglich redaktionell an die neue Rechtschreibung angepasst. Inhaltlich ergab sich keine Änderung.

In **Absatz IX** werden die Strafrahmen in minder schweren Fällen für die Absätze I und II (3 Monate – 3 Jahre), IV und V (6 Monate – 10 Jahre) sowie VII und VIII (1 – 10 Jahre) genannt.

6.2 § 179 StGB: Sexueller Missbrauch widerstandsunfähiger Personen (aufgehoben)

§ 179 a.F. wurde in ähnlicher Ausgestaltung in den neuen § 177 Abs. II und IV übernommen und deshalb gestrichen. Dies war bereits in der Forderung des Bundesrates so vorgeschlagen.

6.3 § 184i StGB: Sexuelle Belästigung[184]

Mit dem Tatbestand der sexuellen Belästigung wurde eine vielfach bemängelte Schutzlücke geschlossen (vgl. Kapitel 4.2: Ziffer 6). Eine derartige Norm wurde sowohl vom Bundesrat, als auch in dem Eckpunktepapier einzelner Abgeordneter gefordert. Mit dieser Vorschrift wollte man geringwertige tätliche Angriffe aus dem „Auffangtatbestand" der sexuellen Beleidigung gem. § 185 StGB herausholen und einen eigenen Tatbestand zum verbesserten Schutze der sexuellen Selbstbestimmung schaffen. Es wurde nun unter Strafe gestellt, eine *„andere Person in sexuell bestimmter Weise körperlich [zu berühren] und dadurch [zu] belästigen"*[185]. Die körperlichen Berührungen müssen sexuell motiviert sein und zu einer Belästigung, also Empfindensbeeinträchtigung, des Opfers führen. Als „sexuell motiviert" sieht der Gesetzgeber Berührungen der Geschlechtsorgane vor, oder Handlungen welche typischerweise eine sexuelle Intimität zwischen den Beteiligten verlangen. Beispielhaft wird ein Kuss des Mundes oder ein Griff an das Gesäß genannt.[186] Es werden Delikte erfasst, welche die Erheblichkeitsschwelle des § 184 h StGB nicht überschreiten. Dies wird bereits daran deutlich, dass der neue Paragraph in der Gesetzesreihenfolge nach § 184 h eingereiht wurde.[187] Insofern handelt es sich hier ebenfalls um eine deutliche Ausweitung des Strafrechts.

§ 184i ist ein subsidiärer Auffangtatbestand. Der Strafrahmen bewegt sich wie bei der tätlichen Beleidigung nach § 185 bei bis zu zwei Jahren Freiheitsstrafe oder Geldstrafe.

In einem besonders schweren Fall kann sich der Strafrahmen zwischen drei Monaten und fünf Jahren bewegen. Als Regelbeispiel wird in Abs. II die gemeinschaftliche Begehungsweise genannt.

Aus Absatz III wird ersichtlich, dass es sich um ein relatives Antragsdelikt handelt.

Bsp. 10:
Der 30-jährige A fasst der 25-jährigen B im öffentlichen Nahverkehr über der Bekleidung an die Brust. Diese fühlt sich dadurch belästigt. Nach altem Recht war diese Handlung maximal als Beleidigung strafbar. Bei Fassen über der Bekleidung wurde jedoch meist die Erheblichkeitsschwelle des § 184 h verneint, weshalb der Täter dann straflos blieb. Jetzt wäre

---

[184] Gesetzestext siehe Anhang (Ziffer 1: Synopse; Ziffer 6: aktueller Gesetzesauszug)
[185] 50. Gesetz zur Änderung des Strafgesetzbuches - Verbesserung des Schutzes der sexuellen Selbstbestimmung, 2016, S. 2461
[186] Vgl. Ausschuss für Recht und Verbraucherschutz (6. Ausschuss), 2016, S. 30
[187] Vgl. auch Stevens, 2017

das Verhalten des A strafbar. Bloße „Ungehörigkeiten oder Distanzlosigkeiten"[188] sind laut Gesetzgeber nicht ohne weiteres geeignet die sexuelle Selbstbestimmung zu beeinträchtigen und unterfallen somit in der Regel nicht dem Geltungsbereich des § 184i.

6.4 § 184j StGB: Straftaten aus Gruppen[189]

Diese Norm war in keinem der drei ursprünglichen Gesetzesentwürfe zu finden. Erst durch Vorschläge des Bundesrates und der Forderungen aus dem Eckpunktepapier einzelner Abgeordneter wurde diese Verschärfung aufgegriffen. Es macht sich nun strafbar, wer „*eine Straftat dadurch fördert, dass er sich an einer Personengruppe beteiligt, die eine andere Person zur Begehung einer Straftat an ihr bedrängt [...sofern] von einem Beteiligten der Gruppe eine Straftat nach den §§ 177 oder 184i begangen wird*"[190]. Die Einfügung dieser Norm in das StGB stellt eine Reaktion auf die Silvesterangriffe in Köln dar, bei der sich die Politik massiv erklären musste, da nur ganz wenige Täter verurteilt werden konnten. Der Gesetzgeber spricht gar von einem „neue[n] und gewichtige[n] Phänomen [...welches] für das Opfer ein erhöhtes Gefahrenpotenzial"[191] birgt. Als Personengruppe ist eine Gruppe ab drei Personen anzusehen. Die Beteiligung an dieser Gruppe durch den Täter ist laut Gesetzgeber „umgangssprachlich"[192] zu sehen, und nicht im Sinne der §§ 25-27 StGB. Was genau damit gemeint ist, wird nicht erläutert. Unter „Bedrängen" ist eine hartnäckige Hinderung des Opfers in seiner Willensausübung oder Bewegungsfreiheit gemeint. Ein kurzfristiges Versperren des Weges soll nicht ausreichen. Ein Täter muss das Verhalten der Gruppe fördern, indem er mit mindestens bedingtem Vorsatz in Kauf nimmt, dass aus der Gruppe heraus Straftaten geschehen. Hierbei muss es sich nicht um Straftaten aus dem 13. Abschnitt handeln. Es reicht jede Straftat aus. Lediglich eines der Gruppenmitglieder muss dann eine Straftat nach §§ 177 oder 184i begehen, um bereits eine Strafbarkeit der anderen Gruppenmitglieder nach § 184j zu begründen.[193] Als Strafmaß sind Freiheitsstrafe bis zu zwei Jahren oder Geldstrafe vorgesehen. Dies liegt auf einer Linie mit dem § 184i „Sexuelle Belästigung". Die Tat ist ebenfalls subsidiär.

---

[188] Ausschuss für Recht und Verbraucherschutz (6. Ausschuss), 2016, S. 30
[189] Siehe den Gesetzestext in Anhang Ziff. 1 (Synopse)
[190] 50. Gesetz zur Änderung des Strafgesetzbuches - Verbesserung des Schutzes der sexuellen Selbstbestimmung, 2016, S. 2461
[191] Ausschuss für Recht und Verbraucherschutz (6. Ausschuss), 2016, S. 31
[192] Ebd. S. 31
[193] Vgl. ebd. S. 31

Bsp. 11:

Die 30-jährige A feiert mit ihren gleichaltrigen Freundinnen B, C, D, E und F ihren Junggesellinnen-Abschied. In einer entsprechenden Verkleidung muss sie, angestachelt von ihren Freundinnen, in der Münchner Fußgängerzone Passanten ansprechen und gewisse Dinge (Schnaps etc.) aus einem sog. Bauchladen für einen symbolischen Euro verkaufen. Weil an diesem Abend nicht viele Menschen von ihrem Bauchladen kaufen wollen, kreisen die Damen potentielle Käufer ein, so dass diese nicht entkommen können. Die Junggesellin A hat nach den ersten beiden Verkäufen den Käufern aus Jux in den Po gekniffen. Dies hat sich dann im Laufe des Abends als „Standard-Scherz" etabliert. Alle Mädels wissen, dass die A mit hoher Wahrscheinlichkeit auch den nächsten Käufer in den Po kneifen wird. Als der 50-jährige X aufgrund der Bedrängung etwas aus dem Bauchladen kauft, um in Ruhe gelassen zu werden, grapscht ihm die A an den Po. Dieser fühlt sich dadurch belästigt.

A könnte ein Vergehen der sexuellen Belästigung nach §184i begangen haben. Ihre Freundinnen hätten sich dann nach §184j strafbar gemacht, weil sie gemeinsam Personen bedrängt haben und es billigend in Kauf genommen haben und ihnen bewusst war, dass die A unbekannten Personen an den Po langen würde.

6.5 § 240 StGB: Nötigung (in Teilen aufgehoben)[194]

Da die bisherige Nötigungshandlung aus § 240 Abs. I i.V.m. Abs. IV S. 2 Nr. 1 a.F. nun in den § 177 n.F. integriert wurde, ist die entsprechende Textpassage im § 240 gestrichen worden. Die sexuell intendierte Nötigung wurde in den Abschnitt mit dem passenden Rechtsgut der sexuellen Selbstbestimmung überführt (s.o. Kapitel 6.1).

6.6 Sonstige Anpassungen

Die Erfolgsqualifikation des § 178 StGB (Todesfolge) wurde lediglich redaktionell an die neue Formulierung des sexuellen Übergriffs angepasst.

---

[194] Vgl. Synopse im Anhang Ziffer 1

Darüber hinaus folgten redaktionelle Änderungen bei diesen Normen:
- StGB: §§ 5, 66, 78b, 140, 218a
- Gerichtsverfassungsgesetz
- Strafprozessordnung
- Bundeszentralregistergesetz
- Asylgesetz
- Asylverfahrensgesetz

7. Problemstellungen

Die Reform hat einige gelungene Elemente. So konnten mehrere Schutzlücken geschlossen werden (s.o.). Nichtsdestotrotz kann einiges an dem neuen Gesetz kritisch gesehen werden. Die gravierendsten Problemstellungen werden im Folgenden dargestellt.

7.1 § 177 StGB

In seiner Grundidee des Gedankens „Nein-heißt-Nein" scheint der § 177 auf den ersten Blick gelungen zu sein. So wurden in dem Grunddelikt des Abs. I z.B. auf die bisherigen Nötigungselemente verzichtet und auch (geforderte) Handlungen des Opfers an sich selbst tatbestandlich erfasst. Damit wurden Schutzlücken (vgl. Kap. 4.2) geschlossen. Auf den zweiten Blick werden vor allem für den sachverständigen Rechtsanwender Schwächen offenbar.

Im **Absatz I** ist auf mehrere Problemstellungen hinzuweisen.
Durch die Formulierung „gegen den erkennbaren Willen" ist hier prinzipiell ein Fahrlässigkeitsdelikt geschaffen worden.[195] Es stellt sich die Frage, wodurch eine „Erkennbarkeit" gegeben ist und ob das Opfer mit dem Täter kommunizieren muss. Hinweise hierzu kann man in der Gesetzesbegründung finden. Während ein Laie denkt, dass der entgegenstehende Wille für den Täter erkennbar sein muss, so regelt der Gesetzgeber jedoch,

---
[195] Vgl. u.a. Fischer, 2016b, Müller, 2016, S. 3, Wollmann & Schaar, 2016, S. 280

dass diese Erkennbarkeit aus der Sicht eines „objektiven Dritten"[196] zu beurteilen ist. Ein Wille wäre erkennbar, wenn er vom Opfer zum Tatzeitpunkt verbal oder nonverbal (konkludent) geäußert wird.[197] Rechtsanwalt Dr. Stevens weist in dem mit ihm geführten Interview[198] zurecht darauf hin, dass diese Figur eines objektiven Beobachters äußerst auslegungsbedürftig ist. Aufgrund einer eigenen, individuellen und subjektiven Einstellung eines Rechtsanwenders zur Sexualität könnte je nach Rechtsanwender am Ende der Prüfung jeweils ein anderes Ergebnis (für ein und denselben Fall) stehen. Unterschiedliche Einstellungen zu Sexualität würden womöglich zu differierenden Bewertungen führen.

Darüber hinaus erklärt der Gesetzgeber, dass ein Täter den Tatbestand erfüllt, sobald er alle Merkmale erkennt, anhand derer ein späterer Rechtsanwender objektiv zum Entschluss käme, dass das Opfer einen entgegenstehenden Willen hatte, und dennoch sexuelle Handlungen am Opfer vornimmt, an sich vornehmen lässt, oder das Opfer hierzu bestimmt. Obwohl also eine besondere Sorgfaltspflicht sich zu vergewissern nicht vom Gesetzgeber gefordert wird (anders als in Abs. II Nr. 2), führen o.g. Kriterien zu einer Strafbarkeit. Somit wäre das Fahrlässigkeitsdelikt im Sexualstrafrecht geboren. Dies stößt bei einem überwältigenden Großteil der publizierten Meinungen auf großes Unverständnis.

Für eine Strafbarkeit reicht bedingter Vorsatz aus. Gibt der Täter später jedoch an, er habe nicht erkannt, dass das Opfer einen entgegenstehenden Willen hatte, so käme ein Irrtum gem. § 16 StGB in Frage, welcher in einer Straflosigkeit münden würde. Dies käme insbesondere bei ambivalentem Opferverhalten (z.B. trotz anfänglichem Nein dann aktives Mitwirken; insbesondere in Beziehungen) zum Tragen.[199] Möchte das Opfer tatsächlich nicht, oder hat es seine Meinung geändert? Zweiteres wäre speziell dann zu vermuten, wenn das Opfer nicht nur Handlungen an sich erduldet, sondern höchst aktiv sexuelle Handlungen an sich selbst oder dem Täter vornimmt. Dr. Stevens meint, dass dieser Aspekt die Gerichte wesentlich mehr beschäftigen wird, als bislang, da (aufgrund der Vielzahl an Straftaten innerhalb von Beziehungen) nun wesentlich mehr Hintergründe über die persönliche intime Beziehung von Opfer und Täter in den Mittelpunkt werden rücken müssen. Aufgrund der faktischen Ausgestaltung als Fahrlässigkeitsdelikt würden sich seiner Meinung nach in Zukunft viele Täter auf einen Tatbestandsirrtum berufen und möglicherweise damit sogar erfolgreich sein.[200] Im Gesetzgebungsverfahren wurde oft damit argumentiert, man wolle die Situation

---

[196] Ausschuss für Recht und Verbraucherschutz (6. Ausschuss), 2016, S. 22
[197] Vgl. Ebd. S. 23
[198] Vgl. Stevens, 2017
[199] Vgl. Papathanasiou, 2016, S. 138
[200] Vgl. Stevens, 2017

für Opfer erleichtern.[201] Doch nun sind im Grundtatbestand keine (vergleichsweise objektiven) Nötigungs- oder Gewalthandlungen mehr erforderlich. Dies ist zwar zu begrüßen, aber für die Tatbestandsmäßigkeit kommt es letztendlich darauf an, ob das Opfer einen entgegenstehenden Willen hatte, und ob es diesen auch geäußert hat. Aus diesem Grund gibt Rechtsanwalt Stevens zu bedenken, dass dies in Zukunft zumindest vor Gericht eine Erschwernis für die Opfer darstellen wird. Denn in einer Strafverhandlung wird man, insbesondere bei „solchen ambivalenten Verhaltensweisen, […] noch viel härter mit [den Opfern] ins Gericht gehen"[202] müssen, um zu erörtern warum sie sich nicht eindeutig verhalten haben.

Bezüglich der Kommunikation des Opfers legte der Gesetzgeber fest, dass ein bloßer innerer Vorbehalt nicht ausreichen kann.[203] Laut Gesetzesbegründung werden keine Fälle erfasst, in denen „die Motivlage des Opfers ambivalent"[204] ist. Nun ist hinreichend bekannt, dass es insbesondere bei Gesetzestexten und Gesetzesbegründungen auf den konkreten Satzbau und Wortlaut sowie die Bedeutung dahinter ankommt. Mit diesem Verständnis muss vermutet werden, dass dem Gesetzgeber hier ein grober Fehler unterlaufen ist. Denn warum sollte die „ambivalente Motivlage" von Bedeutung sein? Aus welchen (ambivalenten) Gründen auch immer das Opfer sich für oder gegen eine Handlung entscheidet sei dahingestellt. Dies ist ja gerade Sinn und Zweck einer sexuellen Selbstbestimmung: dass es auf den Hintergrund eines „Nein" gerade nicht ankommt. Was der Gesetzgeber zu meinen scheint, ist eine ambivalente äußere Darstellung (verbal/nonverbal) der inneren Haltung des Opfers. Und genau auf diese muss es ankommen. Umso unverständlicher, dass der Gesetzgeber die Formulierung „erkennbaren Willen" gewählt hat, obwohl er selbst in der Begründung formuliert, dass es dem Opfer „zuzumuten [ist], dem entgegenstehenden Willen zum Tatzeitpunkt <u>eindeutig</u> Ausdruck zu verleihen"[205]. Da alle Situationen, in denen ein entgegenstehender Wille nicht zum Ausdruck gebracht werden kann, im Absatz II geregelt sind, hätte der Gesetzgeber in Abs. I die Formulierung „gegen den <u>erklärten</u> Willen" wählen sollen. Damit wären o.g. Auslegungsprobleme bei Rechtsanwendern und eine mögliche „Flucht" des Täters in den Tatbestandsirrtum vermeidbar gewesen.

---

[201] Vgl. BT-Plenarprotokoll 18/183, 2016a, S. 18005
[202] Stevens, 2017
[203] Vgl. Ausschuss für Recht und Verbraucherschutz (6. Ausschuss), 2016, S. 23
[204] Ebd. S. 23
[205] Ebd. S. 23

Als weiteres Tatbestandsmerkmal des Absatzes I gilt das Wort „Bestimmen". Es macht sich auch strafbar, wer jemanden zur „*Duldung sexueller Handlungen an oder von einem Dritten bestimmt*". Nach dem deutschen Duden umfasst dieses Wort die Bedeutung „jemanden festlegen; verbindlich entscheiden; für jemanden etwas vorsehen; zu etwas veranlassen, drängen"[206]. Insofern handelt es sich auch bei diesem Wort um ein vom Gesetzgeber relativ unglücklich gewähltes. Denn es wird auch in der Begründung des Gesetzes nicht genannt, wie jemand gegen seinen Willen ohne Nötigungshandlung dazu bestimmt werden sollte, sexuelle Handlungen an einem Dritten auszuführen. In der Praxis wird diese Fallkonstellation im Abs. I (also ohne Nötigungshandlung) vermutlich keine Rolle spielen. Oder aber zu o.g. Problemen bzgl. ambivalenter Verhaltensweisen führen.

Indem auf die bisherigen Nötigungselemente verzichtet wurde, werden nun alle „sexuellen Handlungen" erfasst. Dadurch wurde der Straftatbestand deutlich ausgeweitet. Eine genaue Definition der „sexuellen Handlung" legt der Gesetzgeber noch immer nicht vor, weshalb man diesen unbestimmten Begriff nach wie vor durch Urteile auslegen muss. Es können jetzt bereits Griffe an die Brust unterhalb der Bekleidung oder auch (grobe) Griffe an die Genitalien über der Bekleidung als „sexueller Übergriff" erfasst sein. Bedenkt man, dass auch für derart (vergleichsweise) niedrigschwelliges Unrecht die Qualifikationen und der Versuchstatbestand Geltung entfalten, kann dies zu massiven Strafen führen. Dr. Stevens befindet im Interview, dass „der Gesetzgeber [sich] das überhaupt nicht überlegt"[207] hat.

Durch die Formulierung des neuen § 177 Abs. I werden Abgrenzungsprobleme zu § 184i StGB n.F. offenbar. Siehe hierzu Kapitel 7.2.

Der Strafrahmen ist mit sechs Monaten bis fünf Jahren sehr hoch gewählt. Unter dem Gesichtspunkt, dass auch oben erwähnte, geringfügig über der Erheblichkeitsschwelle liegende sexuelle Handlungen (z.B. Griff in den Schritt) bereits unter den § 177 Abs. I subsumiert werden können, ist hier eine Schieflage festzustellen. Beispielhaft könnte man (ohne Blick auf den Einzelfall) zugespitzt formulieren: Während für einen harten Faustschlag ins Gesicht (Körperverletzung § 223 StGB) ein Strafrahmen von bis zu fünf Jahren oder gar nur eine Geldbuße im StGB festgelegt sind, sieht der Gesetzgeber für einen Griff unter der Bekleidung an die Brust eine Strafe von sechs Monaten bis zu fünf Jahren vor. Ohne die

---

[206] duden.de, 2017
[207] Stevens, 2017

Möglichkeit einer Geldstrafe. Fischer geht aufgrund der auf den Grundtatbestand folgenden Qualifikationen sogar von einer „verfassungswidrigen Strafandrohung für vermeidbare Irrtümer"[208] aus. Zu einem Ungleichgewicht im Vergleich zu den bestehenden Missbrauchstatbeständen §§ 174 ff. siehe Kapitel 7.4.

In **Absatz II** werden die Situationen aufgelistet, in welchen den Opfern ein „Nein" nicht möglich ist. Zu der Problematik des Begriffs „bestimmen" siehe obige Erläuterungen. Jedoch dürfte diese Wortwahl hier zutreffender sein, weil beispielsweise ein erheblich geistig behinderter Mensch womöglich eher ohne Nötigungshandlung zu einer sexuellen Handlung an einem anderen bestimmt werden kann, da er die Tragweite der Situation eventuell nicht so nachvollziehen kann wie ein geistig gesunder Mensch.

Für die Nummern 1 - 4 muss der Täter die Lage des Opfers ausnutzen. Hierzu reicht es, wenn der Täter den Zustand des Opfers erkennt und sich diesen zu Nutze macht.[209]

Laut Gesetzgeber soll durch die **Nummer 1** der alte Tatbestand des 179 Abs. I und II übernommen werden. Es wird eine absolute Unfähigkeit zur Willensbildung oder Willensäußerung gefordert. Dies überrascht erneut, da der Gesetzestext selbst von der Unfähigkeit der Bildung eines <u>entgegenstehenden</u> Willens spricht. Somit ist wiederholt festzustellen, dass der Gesetzestext auch in diesem Bereich handwerkliche Mängel aufweist. Bei enger Orientierung am Text wäre es möglich, dass das Opfer zwar generell in der Lage ist einen Willen zu bilden, aber z.B. aufgrund der überraschenden Begehungsweise diesen nicht bilden kann. Dann wäre allerdings Abs. II Nr. 3 entbehrlich. Vielmehr ist aufgrund der Gesetzesbegründung aber zu vermuten, dass auf eine tatsächliche (komplette) Unfähigkeit zur generellen Willensbildung abgezielt wird. (Siehe hierzu auch unten Erläuterungen zu Abs. II Nr. 3). Dies wäre bei Schlaf, Narkose oder schweren geistigen Krankheiten/ Behinderungen der Fall. Um gar nicht erst diese Auslegungsproblematik aufkommen zu lassen, hätte der Gesetzgeber sorgsamer formulieren sollen.

Fraglich ist, ob eine „Schockstarre" des Opfers ebenso unter Ziff. 1 zu subsumieren ist. Diese Problematik wurde in der Diskussion mehrfach benannt.[210] Aufgrund der erforderlichen objektiven Betrachtungsweise („auch ein anderer Mensch könnte sich in der Situation xy ebenfalls nicht äußern/keinen Willen bilden") und vor allem der aus der Gesetzesbegründung zu Abs. I herauszulesenden Obliegenheit des Opfers eine ablehnende Haltung eindeutig zu

---
[208] Fischer, 2016b
[209] Vgl. Ausschuss für Recht und Verbraucherschutz (6. Ausschuss), 2016, S. 23
[210] Vgl. u.a. Bündnis 90/ DIE GRÜNEN, 2015, S. 1

äußern, wäre meines Erachtens diese „Schockstarre" nicht zuletzt aus o.g. Gründen nicht unter Abs. II Nr. 1 zu subsumieren.

Abs. IV enthält eine Qualifikation zum Verbrechen, sofern eine Tat nach oben genannter Nr. 1 begangen wurde, und die Unfähigkeit der Willensbildung bzw. -äußerung auf einer Krankheit oder Behinderung des Opfers beruhte. Die Strafandrohung ist deutlich höher als im alten § 179 Abs. I, II (sechs Monate – zehn Jahre). Man begründet dies mit der „besondere[n] Schutzbedürftigkeit"[211] dieser Personengruppen. Allerdings ist diesem Schutz bereits durch § 177 Abs. II Nr. 1 und 2 Rechnung getragen worden.[212]

Der Gesetzgeber nimmt Personen, welche sich selbst durch „Rauschmittel oder Alkohol in einen Zustand der absoluten Unfähigkeit zur Willensbildung oder -äußerung"[213] gebracht haben ausdrücklich von der Qualifikation aus. Man könnte meinen, dass er diesem Personenkreis dann eine Teilschuld an dem ihnen geschehenen Unrecht zuschreibt. Auch jemand der unter einer ärztlichen Vollnarkose einen sexuellen Übergriff erleidet, fiele nicht unter den Abs. IV. Warum bei einer Behinderung die Qualifikation gelten soll, bei einer (nicht verschuldeten, weil ggf. medizinisch notwendigen) Vollnarkose aber nicht, ist nicht nachvollziehbar. Insofern scheint diese Einschränkung äußerst unglücklich gewählt. An dieser Stelle soll auch erwähnt sein, dass man ebenso argumentieren könnte, dass körperlich behinderte Menschen einen größeren Schutzbedarf hätten als nicht behinderte Menschen. Jemand der vom Hals abwärts gelähmt ist, kann sich einem Täter nicht durch Flucht oder Wehr entziehen. Allerdings kann diese Person deutlich einen entgegenstehenden Willen äußern. Obwohl ein großer Teil der Bevölkerung hier vermutlich ein ebenso großes Unrecht wie bei einer sexuellen Handlung zum Nachteil eines geistig Behinderten sehen würde, wird ausschließlich der geistig Benachteiligte von Abs. IV zusätzlich geschützt.

§ 177 **Abs. II Nr. 2** erfasst Fälle, in denen eine Person zur Willensbildung oder -äußerung aufgrund ihres körperlichen oder psychischen Zustands erheblich eingeschränkt ist. Fraglich ist, woran man eine „erhebliche" Einschränkung der Willensbildung festmacht. Laut Gesetzgeber sollen „Behinderungen mit […] erhebliche[r] Intelligenzminderung [oder] stark betrunkene Menschen"[214] darunter subsumiert werden. Damit wurde lediglich eine Personengruppe festgelegt, jedoch nicht bestimmt, ab wann jemand zur Willensbildung fähig

---

[211] Ausschuss für Recht und Verbraucherschutz (6. Ausschuss), 2016, S. 26
[212] Vgl. Hörnle, 2017, S. 18
[213] Ausschuss für Recht und Verbraucherschutz (6. Ausschuss), 2016, S. 26
[214] Ausschuss für Recht und Verbraucherschutz (6. Ausschuss), 2016, S. 24

ist, ab wann er hierzu unfähig ist, und ab welchem Moment dazwischen man von einer „erheblichen Unfähigkeit" sprechen kann. Fischer vertritt in seiner Kommentierung gar die Meinung, dass keine Wissenschaft existiert, die diese Grenzen ziehen könnte.[215] Man sollte sich auch stets vor Augen führen, dass nicht nur der Rechtsanwender diese Auslegungsfragen beantworten, sondern letztendlich auch ein Laie das Gesetz verstehen können muss. Wenn nach der Meinung Fischers selbst Experten (nach eingehender Prüfung) Probleme mit dieser Frage haben, wie soll dann ein Laie in der ad-hoc-Situation dieses Problem lösen können? Rechtsanwalt Dr. Stevens erklärt im geführten Interview, dass der Gesetzgeber mit diesem Absatz „den Bogen völlig überspannt"[216] hat. Es erscheint merkwürdig, Personen den Willen abzusprechen ein „Nein" äußern zu können, wenn aber dann im gleichen Atemzug deren Zustimmung Rechtswirkung entfalten können soll. Dies würde zu der Absurdität führen, dass eine in der Willensbildung erheblich eingeschränkte Person gar keine selbstbestimmte Sexualität leben könnte und dürfte, da es alleine am Täter liegt, sich vorher eindeutig der Zustimmung des Opfers zu versichern. In dem Wortlaut der „*vorherigen*" Zustimmung liegt eine weitere Problemstellung. Denn selbst wenn ein vermeintliches „Opfer" mit der sexuellen Handlung einverstanden ist, wäre die Handlung des Anderen (oder sogar an dem Anderen) strafbar, wenn dieser sich nicht ausdrücklich vorher die Zustimmung einholt. Diese Zustimmung müsste bei jeder einzelnen sexuellen Handlung eingeholt werden. Dies ist mit Blick auf die Lebenswirklichkeit nicht ansatzweise praktikabel. Man stelle sich beispielsweise zwei betrunkene Personen vor: Zungenkuss, Berühren an der nackten Brust, Berührungen im Intimbereich, Geschlechtsverkehr, diverse Positionswechsel etc. Vor jeder einzelnen dieser Handlungen müsste man sich erneut der Zustimmung des Anderen versichern. Mit Blick auf Befindlichkeiten und sexueller Selbstbestimmung behinderter Personen bedauert Renzikowski, dass der Gesetzgeber bei der Formulierung dieser Norm nicht den entsprechenden Sachverstand eingeholt hat.[217]

Darüber hinaus wären auch hier strafbefreiende Irrtümer als Verteidigungsstrategie zu erwarten (s.o.; z.B. Betrunkene zieht ihr Shirt aus um sich schlafen zu legen. Der Täter gibt an, dies als Zustimmung für sexuelle Handlungen gesehen zu haben, da laut Gesetzgeber konkludentes Handeln ausreicht).

---

[215] Vgl. Fischer, Strafgesetzbuch und Nebengesetze, 2017, S. 1227
[216] Stevens, 2017
[217] Vgl. Renzikowski, 2016, S. 3555

Die Regelung der Ausnutzung eines Überraschungsmoments in § 177 Abs. II **Nr. 3** wäre nach Bezjak entbehrlich, weil die Möglichkeit einen entgegenstehenden Willen zu bilden, aber aufgrund der schnellen Ausführung des Täters diesen nicht mehr Äußern zu können bereits in Abs. I enthalten sei.[218] In der Gesetzesbegründung wird allerdings darauf verwiesen, dass sich Abs. II Nr. 1 ausschließlich auf (komplett) unmögliche Willensbildung oder -äußerung beruft.

Handelt ein Täter in dem irrigen Glauben, die sexuelle Handlung wäre dem Opfer willkommen (z.B. innerhalb einer Beziehung), so befindet er sich womöglich wieder im straflosen Tatbestandsirrtum gem. § 16 StGB.

Da es bei einem überraschenden Delikt augenscheinlich nicht auf den (gebildeten oder noch nicht gebildeten) Willen ankommt, sondern lediglich auf das Ausnutzen der Arglosigkeit des Opfers, würden sehr viele sexuelle Handlungen innerhalb einer funktionierenden intimen Beziehung (Griff unter die Kleidung, um sexuellen Kontakt anzubahnen) diesen Tatbestand gleichfalls erfüllen. Insofern wäre zu überlegen diesen Tatbestand aus dem Paragraphen auszugliedern und als absolutes Antragsdelikt auszugestalten, um sozial erwünschte sexuelle Handlungen nicht per se unter Strafe zu stellen.

In § 177 Abs. II **Nr. 4** sollen sog. Fälle eines „Klimas-der-Gewalt" erfasst werden. Nun ist es jedoch nicht so, dass alle Fälle, die vorher in der Rechtsprechung als problematisch angesehen wurden (s.o. Kapitel 4.2) automatisch zu einem Schuldspruch führen werden. Vielmehr muss das Gericht ganz konkret die jeweilige Ausgangssituation prüfen. Der Täter muss zumindest bedingten Vorsatz darüber haben, dass das Opfer aufgrund der früheren Gewalttaten eingeschüchtert ist und aufgrund dessen auf eine ablehnende Willensäußerung verzichtet. Insbesondere in Beziehungen die zwar von Gewalt geprägt sind, aber auch harmonische Zyklen beinhalten, wird dieser Nachweis schwer zu erbringen sein, wenn der Übergriff in einer „harmonischen Phase" stattgefunden hat.[219]

Absatz II Nr. 5 enthält die einzige Nötigungshandlung in diesem neuen Paragraphen. Durch das Gleichsetzen einer echten Nötigungshandlung mit dem bloßen „Ausnutzens [von] Widerstandsschwäche"[220] (z.B. Abs. I, Abs. II Nr. 1 und 2) entsteht aufgrund der gleichen Strafandrohung eine Ungerechtigkeit in der Systematik.

---

[218] Vgl. Bezjak, 2016, S. 564
[219] Vgl. Hörnle, 2017, S. 18
[220] Hoven & Weigend, 2017, S. 188

In **Absatz III** wird eine Versuchsstrafbarkeit für die beiden Grundtatbestände aus den Absätzen I und II begründet. Bei den übrigen Absätzen ist eine Versuchsstrafbarkeit aufgrund der Ausgestaltung als Verbrechen bereits von Haus aus gegeben. Durch die Abwendung von Nötigungselementen und die o.g. Ausweitung der Strafbarkeit wird auch die Versuchsstrafbarkeit ausgedehnt. Es kommt zu einer Vorverlagerung der Versuchsstrafbarkeit. Begründete sich die bisherige Versuchsstrafbarkeit mit dem unmittelbaren Ansetzen zur Nötigungshandlung gegenüber dem Opfer, so gilt der Versuch jetzt bereits „mit dem unmittelbaren Ansetzen zur Vornahme der sexuellen Handlung"[221] bzw. beim „Bestimmen" mit dem unmittelbaren Ansetzen „zur Einwirkung auf das Opfer"[222].

Man stelle sich nun den verliebten 18-jährigen A vor. Nach dem Kinobesuch mit seiner neuen Liebe küsst man sich abends im Auto. Um zu sehen, ob er seiner Freundin noch näher kommen darf gleitet er mit der Hand unter ihr Shirt, um ihr an die Brust zu fassen. Dies möchte sie nicht, also hört er auf. Laut der Definition des Versuchs aus § 22 StGB wäre bereits das unmittelbare Ansetzen des A zur Verwirklichung seiner „Tat" als Versuch zu werten. In diesem Falle könnte man hierunter bereits schon das Anheben des Shirts als unmittelbares Ansetzen betrachten.

In anderen abstrakten Fällen mag diese Definition vermutlich unproblematisch erscheinen. Normalerweise kann man erwarten, dass ein Fremder nicht möchte, dass in seine Wohnung eingebrochen wird oder er betrogen wird. Auch bei Personen, welche miteinander keinerlei (i.S. von gar keine !) intime Beziehung haben ist diese Norm vermutlich unproblematisch. Aber ab dem Zeitpunkt, ab dem sich zwei Personen sexuell annähern, ist dies auch immer von gegenseitigem Kennenlernen und Austesten geprägt. Gerade weil man die andere Person in der Regel nicht verletzen möchte, tastet man sich an die Intimsphäre der anderen Person heran. Allerdings würden nach neuem Recht selbst diese Handlungen des gegenseitigen Austarierens, wenn also ein „entgegenstehender Wille noch überhaupt nicht [zu eruieren] ist"[223], bereits unter Strafe gestellt.[224] Das Gleiche würde erst Recht für eine gefestigte intime Beziehung gelten, in welcher man unter Umständen weiß, dass der Partner gerade keine Lust hat, aber glaubt, man könne ihn „*durch unmittelbares Ansetzen*" doch zu intimen Handlungen überreden. Juristisch wären die entsprechenden Tatbestände meist erfüllt. Würde die Polizei aus irgendeinem Grund davon erfahren, so müsste sie aufgrund der Ausgestaltung als

---

[221] Papathanasiou, 2016, S. 136
[222] Ebd. S. 136
[223] Stevens, 2017
[224] Zur Vollständigkeit: Möglicherweise würde im genannten Beispiel ein Rücktritt vom Versuch gem. § 24 StGB vorliegen.

Offizialdelikt Ermittlungen einleiten (sofern der Partner an dem Tag beim „Nein" bleiben würde).

Es werden also nach dem neuen Gesetz bereits alltägliche Verhaltensweisen strafrechtlich erfasst und pönalisiert, welche zeitlich noch weit vor einem eigentlichen sexuellen Übergriff liegen können.

In **Absatz V** wurde auf finalen oder kausalen Zusammenhang zur sexuellen Handlung verzichtet. Insoweit kommt es auch hier zu einer deutlichen Strafverschärfung. Nun fallen z.B. auch Drohungen nach dem sexuellen Übergriff (etwa um niemandem davon zu erzählen) unter § 177 Abs. V Nr. 2. Die Gewalt oder Drohung aus Nr. 1 bzw. Nr. 2 müssen gegenüber dem Opfer erfolgen. Dies verwundert laut Hörnle insofern, als dass von den Befürwortern der Reform ein Beispiel des BGH angeführt wurde. In diesem Fall wurde dem Freund des Opfers vom Täter in den Kopf geschossen. Dieser verging sich dann am eingeschüchterten und traumatisierten Opfer.[225]

§ 177 Abs. V Nr. 3 wäre entbehrlich gewesen, da dieser Tatbestand damals nur eingeführt wurde, um überhaupt eine Strafbarkeit zu begründen. Diese Fälle werden nun bereits im Grundtatbestand erfasst.

Weshalb der Gesetzgeber bei den minder schweren Fällen eine Strafverschärfung vorsieht (alt: 6 Monate – 5 Jahre; neu: 6 Monate – 10 Jahre), obwohl die Nötigungshandlung sogar entfallen ist, wird in der Begründung nicht erläutert.

Anhand des § 177 **Abs. VI** wird die Ausweitung des Sexualstrafrechts am besten deutlich. Bezogen sich diese Regelbeispiele früher auf die sexuellen Nötigungsdelikte des § 177 a.F., so kommt es heute auf eine Nötigung nicht mehr an. Der Gesetzgeber hätte diese Qualifikation lieber ausschließlich auf Taten nach Abs. V (also wie im zuvor bestehenden Recht) beziehen sollen. Nicht nur der Rechtsanwender, sondern auch der Laie kann in den Handlungen nach Abs. V, also Gewalt oder Drohung mit Gewalt, einen ungleich höheren Unrechtsgehalt erkennen, als wenn die sexuelle Handlung zwar gegen den Willen, aber ohne jede Gewalt erfolgt. Zumal ja bereits der Begriff „Vergewaltigung" seinem Wortstamm nach von dem Wort „Gewalt" herrührt und somit Hinweise auf die eigentliche Bedeutung liefert. Nach dem neuen Recht ist sozusagen eine gewaltlose Vergewaltigung möglich. Der Gesetzgeber verwässert den bekannten juristischen Begriff der „Gewalt", wenn er begründet, dass „ein sexueller Übergriff, der mit Beischlaf oder ähnlicher Handlung verbunden ist, vom

---
[225] Vgl. Hörnle, 2017, S. 19

Opfer als […] sexualisierte Gewalt empfunden wird, unabhängig davon, ob ‚Gewalt' im strafrechtlichen Sinn ausgeübt wurde"[226]. Renzikowski spricht deshalb von einer puren Demonstration des „Labels ‚sexuelle Gewalt'"[227] und weist richtigerweise darauf hin, dass in der Folge auch bei den entsprechenden Normen der §§ 174 ff. jegliche Penetration als Vergewaltigung bezeichnet werden müsste.[228]

In der Öffentlichkeit würde ein Beschuldigter, der gar keine Gewalt angewandt hat, trotz dessen als „Vergewaltiger" wahrgenommen. Selbst bei einem späteren Freispruch würde dieser Makel vermutlich schwerer wiegen als wenn es sich „nur" um einen „sexuellen Übergriff" gehandelt hätte. Folglich könnte eine größere Stigmatisierung der Beteiligten erfolgen, insbesondere wenn sie zu Unrecht beschuldigt worden sein sollten.[229]

Die Qualifikationen der **Absätze VII** und **VIII** entsprechen denen des § 177 Abs. III und IV a.F. Im § 179 a.F. existierte keine Strafverschärfung wegen Mitführen von Waffen, weil die Notwendigkeit gar nicht bestand. Diese Qualifikationen sind im Grunde spezifisch auf Nötigungstatbestände zugeschnitten. Im neuen Recht sollen sie aber bei allen Grundtatbeständen Wirkung entfalten. Dies mag nicht recht überzeugen und ist von der Systematik fragwürdig. Inwieweit jemand, der ein (Brotzeit-)Taschenmesser einstecken hat, und bei einem sexuellen Übergriff aber dennoch nicht nötigt oder Gewalt anwendet, für das Opfer gefährlicher sein soll, als jemand ohne Messer, ist nicht ersichtlich und bleibt eine reine Behauptung des Gesetzgebers.[230] Bereits aus Verhältnismäßigkeitsgründen erscheint das Strafmaß von mind. drei Jahren als zu hoch.

Für die in Abs. VII Nr. 3 und Abs. VIII Nr. 2 genannten schweren Folgen gilt diese Kritik nicht, da auch durch bestimmte Sexualpraktiken diese Folgen hervorgerufen werden können.

Insgesamt ist festzuhalten, dass im § 177 n.F. Missbrauchs- (ehemaliger § 179; jetzt Abs. II) und Nötigungstatbestände (ehemaliger § 177) vermischt wurden. Dies bringt eine systematische Unstimmigkeit mit sich. Durch die Ausweitung der Pönalisierung mittels der neuen Grundtatbestände führen die Qualifikationen zu recht hohen Strafandrohungen auch für relativ geringes Unrecht. Interessant wird sein, wie die Richter zukünftig tenorieren werden. Die Überschrift lautet „Sexueller Übergriff; sexuelle Nötigung; Vergewaltigung". Werden die Schuldsprüche also in Zukunft auf „Vergewaltigung" lauten, obwohl gar keine

---

[226] Ausschuss für Recht und Verbraucherschutz (6. Ausschuss), 2016, S. 28
[227] Renzikowski, 2016, S. 3556
[228] Ebd. S. 3556
[229] Vgl. Bezjak, 2016, S. 566
[230] Vgl. Ausschuss für Recht und Verbraucherschutz (6. Ausschuss), 2016, S. 28

Gewalt angewandt wurde? Und handelt es sich in einem Falle des § 177 Abs. V Nr. 1, bei dem zwar Gewalt angewandt, aber nicht genötigt wurde, wie bisher um „sexuelle Nötigung" oder um einen „sexuellen Übergriff"? Es wird spannend sein, diesen Prozess mitzuverfolgen.

7.2 § 184i StGB

Der Gesetzgeber hat durch diese Norm eine Schutzlücke geschlossen, was sehr zu begrüßen ist. Die Formulierungen lassen jedoch große Auslegungsspielräume zu. Gefordert ist eine Berührung in sexuell bestimmter Weise. In der Gesetzesbegründung ist dies sehr ungenau dargelegt, denn während ein „Küssen des Halses"[231] erfasst sein soll, fallen bloße „Ärgernisse, Ungehörigkeiten oder Distanzlosigkeiten wie zum Beispiel [...] In-den-Arm-nehmen oder [...] Kuss auf die Wange"[232] nicht ohne Weiteres in den Schutzgehalt dieser Norm. Dies offeriert dem Rechtsanwender große Spielräume während ein Laie verunsichert sein müsste, was er nun tun darf und was nicht. Die Norm entfaltet schließlich auch innerhalb von Beziehungen Geltung und man kann davon ausgehen, dass eine sexuell motivierte Berührung nicht jederzeit willkommen ist oder in dem einen oder anderen Moment gar als „Belästigung" empfunden werden kann. Eine konsequente Auslegung der Norm wäre eine „Gesellschaft strikter körperlicher Distanz"[233]. Dies kann nicht wünschenswert erscheinen und der Auftrag des Strafrechts wäre vollkommen überzogen. Die Bedeutung des Begriffs „sexuell bestimmt" sollte sich deshalb nicht am Täter orientieren. Je nach Vorliebe des Täters könnte ansonsten jede x-beliebige Berührung als „sexuell bestimmt" gelten. Vielmehr ist auf eine objektive Betrachtung (etwa: Ist dieser Berührung typischerweise eine intime Beziehung zu Grunde zu legen?) abzustellen. Berührungen, welche im allgemeinen sozial üblich erscheinen (z.B. Kuss auf Wange, Berührungen von Oberschenkel, kurzer Klaps auf den Po) sollten nicht hierunter fallen, auch dann nicht, wenn sie vom Täter sexuell motiviert sind. Ansonsten wäre jegliche sexuelle Anbahnung, die ja gerade beim ersten Kennenlernen auch von Enttäuschungen geprägt sein kann, strafwürdig.[234]

Der Begriff „dadurch belästigt" erscheint bei o.g. Umsetzung dann unproblematisch. Würde man die Tätermotivation nicht wie oben beschrieben objektiven Gesichtspunkten unterordnen, so wäre durch die zusätzliche subjektive Komponente des Opfers eine mögliche

---

[231] Ausschuss für Recht und Verbraucherschutz (6. Ausschuss), 2016, S. 30
[232] Ebd. S. 30
[233] Hörnle, 2017, S. 20
[234] Vgl. ebd. S. 20

Strafbarkeit vielfältigster Konstellationen möglich. Dies kann vom Gesetzgeber so nicht gewollt sein.[235] Ansonsten würde die Strafbarkeit des Täters vom reinen Glück abhängen. Dies kann man durch folgendes Beispiel verdeutlichen:

Während der A die unbekannte B in der Disko auf den Mund küsst, fühlt sie sich von ihm belästigt. A hätte eine Straftat begangen. Wenn fünf Minuten später der C die unbekannte B auf den Mund küsst, freut sich die B (z. B. weil C ihr attraktiver erscheint, sie bereits mehr Alkohol getrunken hat etc.). C hätte (für die gleiche Handlung wie der A) keine Straftat begangen. Um diese Problematik zu lösen müsste sich der Gesetzgeber nicht an der subjektiven Opferempfindung, sondern an einer objektiven Geeignetheit diese Empfindung hervorzurufen orientieren. Dies hätte durch eine Formulierung wie etwa im aktuellen Gesetzesvorschlag zur Neufassung des § 238 StGB bewerkstelligt werden können.

In der Abgrenzung zu § 177 StGB n.F. entstehen Probleme durch die Verwendung der unbestimmten Rechtsbegriffe. Ab wann ist eine sexuell motivierte Handlung bereits über der Erheblichkeitsschwelle gem. § 184h zu sehen (dann § 177 n.F.) und ab wann liegt sie unterhalb dieser (dann § 184i n.F.)? Ein Griff an die Brust unter der Bekleidung wird von der Rechtsprechung meist als erheblich eingestuft und würde unter § 177 fallen. Diese Norm soll laut dem interviewten Leiter des Kommissariats Sexualdelikte K15 beim Polizeipräsidium München, EKHK Raab, bereits auch schon bei einem Griff an die Brust über der Bekleidung maßgeblich sein, sofern es sich um ein dünnes Kleidungsstück handelt. Doch dies offenbart die Absurdität der konkurrierenden Normen und der vom Gesetzgeber eingeführten unbestimmten Begriffe. Es leuchtet schließlich niemandem ein, warum für ein und dieselbe Handlung bei Wind und Regen (Opfer trägt Pulli und Jacke) eine ganz andere Strafnorm und v.a. Strafandrohung (§ 184i: Geldstrafe oder bis zu zwei Jahren) gelten soll, als wenn dieselbe Straftat im Sommer (Opfer trägt T-Shirt; §177 Abs. I: 6 Monate – 5 Jahre) begangen wird. Das vom Opfer womöglich gröber empfundene Unrecht (Grapschen ans Shirt) könnte vom Gericht durch einzelfallbezogene Strafzumessung nach § 46 StGB bereits entsprechend berücksichtigt werden.

Die Strafandrohung orientiert sich am Strafrahmen der tätlichen Beleidigung aus § 185 StGB. Für diese „Unerheblichkeitsschwelle"[236] von „Bagatell-Belästigungen mit

---

[235] Vgl. Ausschuss für Recht und Verbraucherschutz (6. Ausschuss), 2016, S. 30
[236] Stevens, 2017

Ordnungswidrigkeitencharakter"[237] sieht Stevens ebenso wie Fischer ein derartiges Strafmaß nicht gerechtfertigt.

Die Einführung eines strafverschärfenden Regelbeispiels ist vermutlich den Eindrücken der Kölner Silvesternacht geschuldet. Doch bei einem Delikt im Grenzbereich der Strafbarkeit einen derart hohen Strafrahmen anzusetzen wird von mehreren Seiten als bedenklich angesehen.[238]

In Abs. III ist diese Norm als relatives Antragsdelikt ausgewiesen. Dies überrascht, da es sich doch um Grenzfälle an der Schwelle zur Erheblichkeit handeln soll. Während man sich ansonsten am § 185 StGB „Beleidigung" orientiert hat, gab es hier einen Bruch. Insbesondere aufgrund der Tatsache, dass dieses Delikt gerade von seinen objektiven Tatbeständen auch in langjährigen, gut funktionierenden intimen Beziehungen erfüllt sein kann, hätte es als <u>absolutes</u> Antragsdelikt aufgebaut werden müssen. Zudem wäre ein Verfolgungswiderspruch des Opfers analog § 194 Abs. I S. 3 StGB wünschenswert (siehe hierzu auch Kapitel 7.5)

7.3 § 184j StGB

Bei § 184j StGB wird von vielen Seiten[239] die Verfassungsmäßigkeit bemängelt. Dr. Stevens befindet, der Gesetzgeber habe sich „völlig verrannt"[240] und die Norm diene lediglich dazu, Beweisprobleme (siehe Silvesternacht Köln) zu eliminieren.[241] Der im Gesetzgebungsverfahren als Gutachter geladene Leitende Oberstaatsanwalt Ohlenschlager hat genau aus diesen Gründen eine derartige Norm gefordert, weil dies nämlich „aus Sicht der Strafverfolgungspraxis wünschenswert"[242] wäre. Zudem verweist er, genau wie später der Gesetzgeber, auf den ähnlichen § 231 (Schlägerei) StGB. Bei genauerer Betrachtung hinkt dieser Vergleich jedoch: Beim Tatbestand der „Schlägerei" beteiligen sich alle Täter am Geschehen aktiv. Bei dem neu eingeführten § 184j reicht es jedoch aus, Mitglied einer Gruppe, welche sich zu (irgendwelchen) Straftaten zusammenfindet zu sein. Wenn A sich

---

[237] Fischer, 2017, S. 1338
[238] Vgl. u.a. Fischer, 2017, S. 1336, Bezjak, 2016, S. 568
[239] Vgl. u.a. Fischer, 2017, S. 1338, Bezjak, 2016, S. 570, Renzikowski, 2016, aA Hörnle, 2017, S. 21
[240] Stevens, 2017
[241] Vgl. Stevens, 2017
[242] Ohlenschlager, 2016, S. 6; Anm.: Seine Formulierung war jedoch eine andere als im jetzigen Gesetz gewählt wurde.

dazu entscheidet, sich einer größeren Gruppe anzuschließen, um am Oktoberfest gemeinsam Taschendiebstähle zu begehen, so macht sich A gem. § 184j bereits dann strafbar, wenn irgendjemand aus der Gruppe jemand anderen sexuell angeht (§ 177 oder § 184i), ohne dass der A dies weiß.

Eigentlich könnte man meinen, dass für eine derartige Beteiligung an Straftaten die §§ 25 ff. StGB ausreichend sind. Der Gesetzgeber erläutert jedoch, dass die Beteiligung nicht in diesem Sinne, sondern „umgangssprachlich"[243] zu verstehen ist. Es handelt sich abermals um einen unbestimmten Begriff, der nicht weiter erklärt wird. Eine umgangssprachliche Beteiligung könnte ein bloßes Dabeistehen bedeuten. Dieses wird aber in der Gesetzesbegründung explizit ausgenommen. Von den Gruppenmitgliedern wird kein bewusstes und gewolltes Zusammenwirken verlangt.[244] Wie soll man sich aber dann ein gemeinsames Bedrängen einer anderen Person vorstellen? Folgt man der Erläuterung des Gesetzgebers, so liegt hier möglicherweise eine Strafbarkeit ohne Schuld vor (s. obiges Bsp.). Würde eine bloße Anwesenheit in einer Gruppe ausreichen, um bestraft werden zu können, dann wäre dies die Etablierung eines „Gesinnungsstrafrecht[s]"[245]. Sofern diese Norm aufgrund der Subsidiaritätsklausel denn zur Anwendung kommt, wird sich vermutlich das Bundesverfassungsgericht damit beschäftigen müssen.

7.4 Diskrepanzen zu den §§ 174 ff.

Insbesondere die Straftatbestände für sexuelle Handlungen an Schutzbefohlenen (§174), an Gefangenen/ behördlich Verwahrten (§ 174a) oder unter dem Ausnutzen einer Amtsstellung (§ 174b) bzw. eines Beratungs-/ Behandlungs-/ Betreuungsverhältnisses (§ 174c) müssten an den neuen Grundtatbestand des § 177 angepasst werden. Dies beträfe zum einen den Strafrahmen, welcher bei den genannten Missbrauchsdelikten niedriger ist, als beim § 177. Darüber hinaus müsste man nach dem Entfallen des Kriteriums der Nötigung auch in analogen Fällen bei entsprechender sexueller Handlung von „Vergewaltigung" sprechen.

---

[243] Ausschuss für Recht und Verbraucherschutz (6. Ausschuss), 2016, S. 30
[244] Vgl. Ebd. S. 30
[245] Bezjak, 2016, S. 570

7.5 Weitere (polizeiliche) Problemstellungen

Durch die Ausweitung des Sexualstrafrechts kommt eine Aufgabenmehrung auf die Polizei zu. Allein im Polizeipräsidium München kam es z.B. in knapp sechs Monaten[246] zu 119 Anzeigen von sexueller Belästigung nach § 184i. Zum anderen hat sich der Aufwand zwangsläufig erhöht. Wurde nach altem Recht bei einer sexuellen Beleidigung (§ 185) aufgrund der Stellung als absolutes Antragsdelikt auf eine Blutentnahme des Täters verzichtet, so wird diese nach neuem Recht (§ 177: z.B. Griff an Genitalien über der Hose) erforderlich. In diesen Fällen wird möglicherweise (aufgrund der Strafandrohung oder etwa durch wiederholte Ausführung wegen „Wiederholungsgefahr") eine richterliche Vorführung zur Prüfung der Haftfrage erforderlich sein. Im genannten Beispiel wird nun auch die Oberbekleidung sichergestellt um ggf. eine DNS-Auswertung zur Überführung des Täters vorzunehmen. Dies war früher bei einer „Beleidigung" laut EKHK Raab undenkbar.[247] Selbstverständlich müsste permanent der Verhältnismäßigkeitsgrundsatz gewahrt werden, aber insgesamt wird die Neuerung mehr polizeiliche Ressourcen binden.

Während manche Stimmen vermuten, dass es nach den neuen Vorschriften Probleme bzgl. der Beweisbarkeit geben wird, sieht EKHK Raab dies nicht so[248]. Allerdings würde sich der Ermittlungsaufwand wesentlich erhöhen, um all die (unbestimmten) Tatbestandsmerkmale sauber herauszuarbeiten. Auch aufgrund der Tatsache, dass objektive Anhaltspunkte entfallen sind (z.B. Verletzungen nach gewalttätigen Nötigungshandlungen) und es jetzt nur noch auf ein „Nein" ankommt, spielen insbesondere bei Beziehungstaten die akribischen Ermittlungen zum Beziehungsgeflecht und der aktuelle „Zustand" der Beziehung zum Tatzeitpunkt eine wesentliche Rolle.

Dass man die § 177 Abs. I und § 184i jeweils nicht als absolutes Antragsdelikt ausgestaltet hat ist äußerst unglücklich.[249] Es wäre zum Beispiel möglich, dass sich ein Pärchen an einer Ampel küsst und der Mann seiner Frau über dem T-Shirt an die Brust langt. Diese möchte das (in diesem Moment) nicht und stößt ihn weg. Würde ein Polizeiauto an der Ampel warten und hätte die Szenerie verfolgt, so müssten sie von Amts wegen eine Anzeige wegen Verdachts eines sexuellen Übergriffs erstellen, selbst wenn die Frau ihren Mann nicht anzeigen möchte. Obwohl die Staatsanwaltschaft das Verfahren höchstwahrscheinlich einstellen wird, wäre die

---

[246] Vgl. Raab, 2017
[247] Vgl. ebd.
[248] Vgl. ebd.
[249] Vgl. ebd.

Polizei gezwungen das Verfahren erst einmal in Gang zu setzen, da es ihr nicht obliegt selbständig über einen wahrscheinlichen Verfahrensausgang zu entscheiden.

7.6 Lösungsvorschläge

Aufgrund der oben dargestellten unbestimmten Begrifflichkeiten und zum Teil unverhältnismäßigen Pönalisierung sozial adäquater Verhaltensweisen sowie der damit einhergehenden Strafandrohung drängen sich (weitere) Änderungen des Sexualstrafrechts geradezu auf. Die Schwierigkeit besteht darin, eine Formulierung zu wählen, welche dem Strafverfolgungsanspruch des Staates und der Gesellschaft gerecht wird, zugleich jedoch keine Verfolgung sozial üblicher Verhaltensweisen vornimmt. Dies gestaltet sich indes äußerst schwierig. Das dürfte einer der Gründe sein, weshalb die vom BMJV eingesetzte Reformkommission noch immer kein Ergebnis vorgelegt hat.

Möchte man die nun eingeführte sog. „Nichteinverständnislösung" als Basis weiterverfolgen, so kämen als punktuelle Änderung folgende Aspekte in Betracht (siehe hierzu auch meinen wörtlichen Gesetzesvorschlag und dazugehörende grafische Darstellungen im Anhang, Ziffer 3):

Vorschlag 1 zu § 177 [250]: Beibehaltung der bisherigen Begriffe aus § 184h zur Erheblichkeitsschwelle

- Aufteilung in einen Paragraphen 177, welcher alle Situationen enthält, in denen potentiell ein Wille gebildet werden kann. Situationen in denen auf Grund seelischer, psychischer oder körperlicher Einschränkungen kein Wille gebildet werden kann, sollten in einen § 177a ausgegliedert werden. Hierunter wäre auch die mangelnde Willensbildung aufgrund überraschender Angriffe zu subsumieren. Dies hätte den Vorteil einer besseren Systematik zwecks der Verwendung von Waffen/ gefährlichen Werkzeugen, welche eine Nötigungshandlung erfordern.

- Verwendung des Begriffs „erklärter" statt „erkennbarer" Wille. Dadurch wird die Gefahr von ambivalentem und dadurch falsch gedeutetem Verhalten reduziert. Den entgegenstehenden Willen zu formulieren kann einem Opfer abverlangt werden.

---

[250] Vorgeschlagener Gesetzestext und Grafik siehe Anhang, Ziffer 3

- Streichung von „Bestimmen zur Vornahme sexueller Handlungen". Dies würde erneut zu Bewertungswidersprüchen führen. Weshalb sollte ein Opfer sexuelle Handlungen ablehnen, aber dann aktiv (= „selbst vornehmen") teilnehmen? Dies kann eigentlich nur unter Einschüchterung oder Zwang erfolgen und kann deshalb aus dem Grundtatbestand entfernt werden. Bei den entsprechenden Gewalt- und Nötigungsformulierungen würden diese Begriffe wieder eingefügt.

- Das Strafmaß sollte eine Geldstrafe als Möglichkeit vorsehen, um niedrigschwellige Delikte, welche nur knapp über die Erheblichkeitsschwelle fallen entsprechend niedrig ahnden zu können.

- Die Versuchsstrafbarkeit sollte beim Grundtatbestand des § 177 Abs. I entfallen. Ansonsten werden zeitlich weit vor einem sexuellen Übergriff gelagerte sozial übliche Anbahnungshandlungen bereits strafrechtlich erfasst.

- Um das Strafrecht nicht zu strapazieren sollte es maximal im Rahmen des „ultima-ratio-Prinzips" zur Geltung kommen. Nur dort wo dies auch tatsächlich notwendig ist. Deshalb sollte der Grundtatbestand nicht nur als relatives, sondern sogar als absolutes Antragsdelikt ausgestaltet werden. Der Staat sollte bei Delikten geringerem Unwertgehalts nicht von sich aus (möglicherweise vollkommen überzogen) tätig werden (müssen), sondern nur dann, wenn das Opfer dies ausdrücklich wünscht. Gleiches sollte für das Überraschungsdelikt gelten, da selbst in Beziehungen viele Anbahnungshandlungen „überraschend" stattfinden. Ist jemand in seiner Willensbildung erheblich oder vollkommen eingeschränkt, so ist dies anders zu bewerten. Denn möglicherweise kann hier die Bedeutung eines Strafantrags nicht nachvollzogen werden, weshalb diesem Personenkreis ein besonderer Schutz des Staates zukommen muss. Deshalb sollte bei diesen Taten, ebenso wie bei Nötigungshandlungen auch schon der Versuch strafbar sein bzw. eine Ausgestaltung als relatives Antragsdelikt erfolgen.

- Da die jetzigen Nötigungshandlungen bzw. nötigungsähnlichen Handlungen des § 177 II Nr. 4 und 5 schwerer wiegen als das bloße Hinwegsetzen über ein „Nein", sollte dies auch in einem entsprechend schwereren Strafmaß (keine Geldstrafe mehr) berücksichtigt werden.

- Die Qualifikationen der jetzigen Norm des § 177 sollten sich ausschließlich an der Begehungsweise mit Gewalt bzw. Drohung gegenwärtiger Gefahr für Leib oder Leben orientieren. Ansonsten würde eine zu große, nicht tolerierbare, Strafausweitung (u.a. Vergewaltigung ohne „Gewalt") generiert.

- Die 3. Alternative des jetzigen § 177 Abs. V Nr. 3 könnte entfallen, da solche Handlungen nun bereits durch den Grundtatbestand bzw. im jetzigen Abs. II Nr. 4 oder 5 strafbar sind.

- Die nicht näher begründete Verschärfung des (bisherigen) minder schweren Falls sollte wieder rückgängig gemacht werden, da es hierfür keine Rechtfertigung gibt.

- Das Mitführen von Waffen oder gefährlichen Werkzeugen sollte nur bei nötigungsrelevanten Straftatbeständen strafverschärfend zur Anwendung kommen.

Vorschlag 2 zu § 177 [251]: Zusätzliche neue Definition in § 184h

Um die bereits mehrfach erwähnte deutliche Ausweitung des Sexualstrafrechts durch den § 177 zu reduzieren, wäre es auch denkbar, eine zusätzliche neue Definition im § 184h StGB zu verankern.
Eine eingefügte Ziffer drei könnte etwa lauten:
„Im Sinne dieses Gesetzes sind...
3. Sexuelle Handlungen großer Erheblichkeit
nur solche, welche mit dem Eindringen in den Körper oder Berührungen der primären Geschlechtsmerkmale verbunden sind."

- Diese Formulierung wäre dann in den § 177 einzufügen[252] und hätte den Vorteil, dass eine eindeutige Abgrenzung zwischen § 177 „Sexueller Übergriff; sexuelle Nötigung; Vergewaltigung" und § 184i „Sexuelle Belästigung" gegeben wäre. Sowohl Rechtsanwender und Bürger könnten aufgrund der Vermeidung unbestimmter

---

[251] Vorgeschlagener Gesetzestext und Grafik siehe Anhang, Ziffer 3
[252] Siehe hierzu Anhang Ziffer 3

Rechtsbegriffe ganz genau erkennen, was erlaubt ist und was nicht bzw. in welcher Norm man sich bewegt. Aktuell ist dies nicht der Fall.[253]

- Das Strafrecht soll nur dort zum Zuge kommen (müssen) wo grobe Störungen des Rechtsfriedens auftreten. Insofern wären durch die Einfügung obiger Formulierung im § 177 StGB auch nur tatsächlich gravierende Fälle erfasst. Ebenfalls strafwürdige Handlungen, wie etwa das Fassen an die Brust, besitzen einen deutlich geringeren Unrechtsgehalt. Derartige Delikte könnten durch § 184i „Sexuelle Belästigung" dennoch geahndet werden. Dem § 177 würden (wie bisher) schwerwiegendere Delikte vorbehalten bleiben.

- Auch in diesem Falle sollten Nötigungshandlungen (jetziger § 177 Abs. II Nr. 5) bzw. nötigungsähnliche Handlungen schwerer bestraft werden als Situationen in denen keinerlei Nötigung oder Gewalt angewendet wird.

- Aufgrund der ausschließlichen Erfassung von schwerwiegenderen Handlungen sollte im Gegensatz zu Vorschlag 1 eine Versuchsstrafbarkeit gelten. Eine Ausgestaltung als absolutes Antragsdelikt würde ebenfalls entfallen.

Vorschlag zu § 184i:

- Bezüglich des § 184i sollte die Strafverschärfung im besonders schweren Fall gestrichen werden.[254] Bei einer gemeinschaftlichen Begehungsweise wird die Anwendung der §§ 25 ff. als ausreichend erachtet. Aus oben erwähnten Gründen sollte auch diese Norm als absolutes Antragsdelikt ausgestaltet werden. Selbst innerhalb gut funktionierender Beziehungen sind sexuelle Gesten nicht permanent willkommen und können durchaus in manchen Momenten sogar als Belästigung empfunden werden. Ob dies strafrechtlich geahndet werden soll, ist ausschließlich dem Opfer selbst zu überlassen.

---

[253] Zum Bsp.: Grapschen an Brust bei dünnem Shirt: § 177 und entsprechend harte Strafandrohung. Grapschen an Brust bei dickem Pullover/Jacke: § 184i mit geringerer Strafandrohung.
[254] Vorgeschlagener Gesetzestext siehe Anhang, Ziffer 3

- Eine weitere Überlegung wäre, die „Sexuelle Belästigung" nicht im Straf- sondern im Ordnungswidrigkeitengesetz anzusiedeln. Als der Gesetzgeber die Erheblichkeitsschwelle im § 184h eingeführt hat, wurde damit verdeutlicht, dass Handlungen unterhalb dieser Schwelle als strafrechtlich nicht relevant anzusehen sind. Deshalb käme eine Auslagerung in das OWiG in Betracht. Der Vorteil wäre zum einen, dass der Erlass eines Bußgeldbescheides administrativ eine erhebliche Arbeitserleichterung für die entsprechenden Verfolgungsbehörden wäre. Zum anderen wäre es denkbar, dass eine Vielzahl der Delikte (wie auch bei Beleidigungen) aufgrund § 153 StPO (Absehen von der Verfolgung bei Geringfügigkeit) eingestellt werden könnten. Bei der Verhängung einer Geldbuße wäre also die Wahrscheinlichkeit einer (umgangssprachlichen) „Strafe" zumindest in diesen geringfügigen Fällen womöglich realistischer als im Strafverfahren. Viele Täter würden die Geldbuße annehmen, um einem öffentlichen Prozess aus dem Weg zu gehen.[255] Dies könnte auch eine positive Wirkung auf das Opfer zur Folge haben, dem ein möglicherweise belastender Prozess erspart wird. Eine aktuelle Studie belegt, dass die (z.T. mehrfachen) Vernehmungen und ein Gerichtsprozess eine hohe psychische Belastung für die Opfer darstellen.[256] Andererseits wäre die Polizei in ihren strafprozessualen Maßnahmen stark eingeschränkt, da bei Ordnungswidrigkeiten ein anderer Maßstab von Verhältnismäßigkeit anzusetzen ist (keine erkennungsdienstliche Behandlung etc.). Würde man die Überführung der „Sexuellen Belästigung" in das OWiG tatsächlich für sinnvoll halten, so wäre zu erwägen, zusätzlich einen Straftatbestand einzuführen, um Wiederholungstäter adäquat verfolgen zu können.[257] In gleichem Maße wäre zu prüfen, ob dann (im Strafmaß) ähnliche Straftaten mit geringerem Unrechtsgehalt wie etwa Erregung öffentlichen Ärgernisses (§ 183a) oder Beleidigung (§ 185) gleichfalls zur Ordnungswidrigkeit herabgestuft werden sollten.

Vorschlag zu § 184j:

- § 184j führt in seiner jetzigen Form zu einer nicht verfassungskonformen Allstrafbarkeit und ist deshalb in Gänze zu streichen.

---

[255] Vgl. Stevens, 2017
[256] Vgl. Dölling & Kunz, 2017, S. 180 ff.
[257] Vgl. z.B. § 120 OWiG und § 184f StGB

C. Schlussbetrachtung

8. Ergebnis

8.1 Zusammenfassung

Der Gesetzgeber hat aufgrund aktueller Ereignisse wie etwa der Kölner Silvesternacht reagiert und es für notwendig erachtet, Schutzlücken zu schließen. Durch die Umgestaltung des § 177 StGB und einer Zusammenführung mit dem § 179 a.F. hat der Gesetzgeber einen Richtungswechsel im Sexualstrafrecht vollzogen. Die Etablierung der sog. „Nichteinverständnislösung" kommt einer kleinen Revolution gleich. Mit diesem Paradigmenwechsel fand eine Loslösung von Zwangs-, Gewalt- und Nötigungshandlungen statt, hin zu einer „konsensorientierten" Lösung. Somit wurden die Forderungen der Istanbul-Konvention umgesetzt. Folgende Schutzlücken wurden hierbei geschlossen:

- Fehlender Zusammenhang zwischen Gewalt und der Nötigungshandlung:
  → Schaffung zweier Grundtatbestände (§ 177 Abs. I und II) zu denen die entsprechende Qualifikation (§ 177 Abs. V) keinen finalen Zusammenhang mehr haben muss.

- Problem des überraschenden Angriffs, wonach keine Nötigung vorlag, weil noch gar kein entgegenstehender Wille gebildet & kommuniziert bzw. entgegenstehende Handlung getätigt werden konnte:
  → Einführung eines entsprechenden Tatbestands in § 177 Abs. II Nr. 3.

- Fälle in denen objektiv von den Gerichten keine schutzlose Lage bejaht wurde:
  → Einführung eines entsprechenden Tatbestands in § 177 Abs. II Nr. 4.

- Fälle einer einfachen Nötigung die eine Duldung des Opfers an sich selbst zum Gegenstand hatten:
  → Überführung und Ergänzung des Tatbestands der sex. Nötigung aus § 240 a.F. in den 13. Abschnitt (§ 177 Abs. II Nr. 5).

- Fälle mit sexuellen Handlungen unterhalb der Erheblichkeitsschwelle:

→ Schaffung eines neuen Tatbestands „Sexuelle Belästigung" in § 184i.

Darüber hinaus wurde unter den Eindrücken der Kölner Silvesternacht ein weiterer Tatbestand (§ 184j) geschaffen, um Beteiligte einer Sexualstraftat einfacher bestrafen zu können.

8.2 Fazit

Fraglich bleibt, ob alle genannten Lücken auch tatsächliche Lücken waren.[258] Es wohnt dem Strafrecht inne, dass es nicht sämtliche menschlichen Verhaltensweisen regelt. Insofern ist stets eine gewisse „Lückenhaftigkeit" gegeben. Fischer betont, dass stets denjenigen eine Legitimationspflicht trifft, der „den Freiheitsraum der Bürger [...] weiter beschränken will"[259]. Eine solche hier beschriebene Ausdehnung des Strafrechts liegt eindeutig auf der Hand. Der Wille, den Schutz des hohen Grundrechts der sexuellen Selbstbestimmung zu erhöhen, ist im Grundsatz zu begrüßen. Dies gilt für die Abkehr von der Nötigungserfordernis ebenso, wie für die Tatsache, dass nun auch der Zwang zur Duldung des Opfers von Handlungen an sich selbst entsprechend vernünftig im 13. Abschnitt pönalisiert wurde. Die Überführung der sexuellen Nötigung in den 13. Abschnitt ist positiv. Gleiches gilt für die Strafbarkeit „überraschend" ausgeführter sexueller Übergriffe und die Beseitigung der Diskrepanz im Strafrahmen zum Nachteil behinderter Personengruppen (§ 179 a.F.).

Allerdings ist die fachliche Ausgestaltung der einzelnen Normen in weiten Teilen nicht gelungen. Rechtsanwalt Dr. Stevens ist nicht der einzige, der erkennt, dass der Gesetzgeber „viel klarer formulieren"[260] hätte müssen und zu viele unbestimmte Rechtsbegriffe verwendet.[261] Die Politik wollte ursprüngliche den entsprechenden Verbänden und Stimmen pro „Nichteinverständnis-Lösung", welche u.a. mangelnde Verurteilungsquoten als Argument ins Feld führten, entgegenkommen. Ob allerdings die Fülle an unbestimmten Rechtsbegriffen in Verbindung mit einer mangelnden Gesetzesbegründung dieses Ergebnis liefern wird, muss sich erst noch zeigen. Selbst die Partei „DIE LINKE" hat in ihrem Gesetzentwurf bereits erkannt, dass der „unverhandelbare und im Rechtsstaatsprinzip des

---

[258] Vgl. Stevens, 2017
[259] Fischer, 2015, S. 1
[260] Stevens, 2017
[261] Vgl. u.a. Hoven & Weigend, 2017, S. 191, Renzikowski, 2016, S. 3558

Grundgesetzes verankerte Grundsatz"[262] in-dubio-pro-reo es bedingt, dass in Zweierkonstellationen eine Nichteinverständnislösung nicht zwangsläufig zu mehr Verurteilungen führen wird.

Von Experten wird die Frage der künftigen Beweisbarkeit der geänderten Delikte zwiespältig gesehen. Da die meisten Sexualdelikte innerhalb intimer Beziehungen stattfinden, wird sich am Beweisprinzip (Aussage gegen Aussage) nicht viel ändern. Hatte man nach altem Recht allerdings objektivierbare Merkmale (z.B. Spuren von Gewalt), welche ein Indiz für eine Täterschaft sein konnten, so bedarf es bei der „Nein-heißt-Nein"-Lösung wesentlich intensiverer Vernehmungsarbeit.

Dafür, dass manche sexuellen Handlungen bereits strafbar sein können, obwohl sie sogar unter der Erheblichkeitsschwelle liegen, ist das Strafmaß (zu) hoch angesetzt. Während vergleichbare Handlungen der sexuellen Belästigung in Österreich mit Haft bis zu sechs Monaten oder Geldstrafe[263] bzw. in der Schweiz mit (Geld-) "Busse"[264] pönalisiert werden sind in Deutschland neben der Geldstrafe sogar bis zu zwei Jahren Haft möglich.

Durch die massive Ausweitung des Strafrechts dringt der Staat weit in die Privatsphäre seiner Bürger ein. Es besteht durch die Ausdehnung des Sexualstrafrechts u.a. durch die Normen § 177 Abs. I, II Nr. 3, § 184i die „Gefahr einer Überpönalisierung"[265], da durch die Formulierungen und die Versuchsstrafbarkeit eine Abgrenzung zu sozial angemessenem und sogar erwünschtem Verhalten kaum mehr möglich ist. Insbesondere im Hinblick auf eine „Überredung" zu sexuellen Handlungen oder überraschenden sexuellen Handlungen innerhalb gut funktionierender Beziehungen ist dies als problematisch anzusehen. Selbst wenn ein Partner nach anfänglichem „Nein" 30 Sekunden später mit dem Sexualkontakt einverstanden ist und sich aktiv beteiligt, so entfaltet doch eine „spätere Zustimmung im Strafrecht keine Rückwirkung"[266] und man müsste bei strenger Auslegung zu einer Strafbarkeit gelangen. Dies ist vom Gesetzgeber mit Sicherheit nicht so gewollt, aber im Gesetz so formuliert worden. Die Begründung, dass man in einer funktionierenden Beziehung seinen Partner nicht anzeigen wird, kann nicht überzeugen, da es nicht angehen kann, sich trotz einer Bewegung innerhalb sozialer Normen stets den Gefahren einer Strafbarkeit

---

[262] DIE LINKE, 2016, S. 2
[263] Vgl. StGB Österreich, § 218
[264] Schweizerisches Strafgesetzbuch, 2017, § 198
[265] Eisele, 2016, S. 14
[266] Ebd. S. 14

aussetzen zu müssen. Dies könnte insbesondere nach dem Scheitern einer Beziehung oder bei einem eventuellen Sorgerechtsstreit relevant werden. Bedenkt man dann noch, dass die Verjährung bei Sexualdelikten i.d.R. bis zum 30. Lebensjahr ruht, und dann i.d.R. zehn Jahre Verjährungsfrist gelten, wird erst das Ausmaß der potentiellen Gefahr deutlich.

Obwohl also die Intention und Motivation des Gesetzgebers richtig war und Teile des Gesetzes im Ansatz gut gelungen sind, so wird die konkrete Umsetzung dem Anspruch des rechtskonformen Teils der Gesellschaft nicht gerecht, da die Ausgestaltung handwerkliche Mängel aufweist.

Aus den genannten Gründen ist ersichtlich, dass der, im Eingang dieser Arbeit zitierte, „Meilenstein" eher zu einem Stolperstein geworden ist. Anstatt eine vernünftige Lösung zu präsentieren, muss leider festgestellt werden, dass die Neugestaltung des Sexualstrafrechts ein äußerst überhastetes Unterfangen der Politik gewesen ist.[267] Es bleibt der Eindruck, dass sich die Politik weniger an einer fachlichen Problemlösung orientierte, sondern sich anhand aktueller Forderungen einer „Hau-Ruck"-Gesetzgebung bedient hat, um dem medialen Druck zu entgehen. Dies spiegelt sich in dem äußerst kurzen Gesetzgebungsverfahren wider. Dass eine kurzfristige Tischvorlage eilig in Gesetzesform gepresst wurde, ist ein weiteres Indiz hierfür.

Es wäre wesentlich sinnvoller gewesen, man hätte die Arbeit der vom BMJV eingesetzten Reformkommission abgewartet. Diese sollte sich um eine Reform des *kompletten* 13. Abschnitts des StGB kümmern. Nun wurde erneut an einzelnen Stellschrauben gedreht und Unstimmigkeiten in der Gesetzes-Systematik (etwa im Binnenverhältnis zu den §§ 174 ff.) verschärft. Die Ergebnisse der Kommission sollen laut BMJV Ende Juli 2017 vorliegen. Es erscheint jedoch unwahrscheinlich, dass in der nächsten Legislaturperiode ein erneuter Anlauf genommen wird. Dies wäre wünschenswert, allerdings kann weder dem Rechtsanwender noch dem Bürger in so kurzer Zeit in einem so sensiblen Bereich ein erneuter Wechsel der Rechtskonstellation zugemutet werden.

Bleibt nur zu hoffen, dass Ende dieses Jahres, wenn die Zahlen der polizeilichen Kriminalstatistik veröffentlicht werden, nicht wieder lautstark nach Gesetzesverschärfungen gerufen wird. Ein Grund hierfür könnte nämlich ein Anstieg der Fall-Zahlen im Bereich der Sexualkriminalität sein. Man kann allen nur zu Ruhe und Besonnenheit raten. Denn es ist

---

[267] Vgl. Stevens, 2017: „Krasser politischer Aktionismus"

einer Gesetzesverschärfung nun einmal immanent, dass sich dadurch die Straftaten erhöhen werden.

D. Literaturverzeichnis

5. Buch Mose - Kapitel 22. In *Altes Testament*. Von http://www.bibel-online.net/buch/luther_1912/5_mose/22/ abgerufen

86 Prozent für Verschärfung des Sexualstrafrechts. (17. 06 2016). Von **sueddeutsche.de**: http://www.sueddeutsche.de/news/panorama/kriminalitaet-86-prozent-fuer-verschaerfung-des-sexualstrafrechts-dpa.urn-newsml-dpa-com-20090101-160617-99-345569 abgerufen

Berlin will Asylgesetze und das Sexualstrafrecht verschärfen. (09. 01 2016). Abgerufen am 21. 06 2017 von **diepresse.com**: http://diepresse.com/home/ausland/aussenpolitik/4901107/Berlin-will-Asylgesetze-und-Sexualstrafrecht-verschaerfen

Bezjak, G. (2016). Der Straftatbestand des § 177 StGB (Sexuelle Nötigung; Vergewaltigung) im Fokus des Gesetzgebers. *KJ Kritische Justiz*(4/2016), S. 557-571.

BMJV (Hrsg.). (20. 02 2015a). *Einrichtung einer Kommission zur Reform des Sexualstrafrechts.* Abgerufen am 16. 02 2017 von bmjv.de: https://www.bmjv.de/SharedDocs/Artikel/DE/2015/02202015_Stn_Reform_Sexualstrafrecht.html

Bundeskriminalamt. (21. 11 2016). *PKS 2015-Vergewaltigung und sexuelle Nötigung.* Abgerufen am 14. 06 2017 von bka.de: https://www.bka.de/DE/AktuelleInformationen/StatistikenLagebilder/PolizeilicheKriminalstatistik/PKS2015/InteraktiveKarten/04VergewaltigungSexNoetigung/04_VergewaltigungSexNoetigung_node.html

Clemm, C. (31. 05 2016). *Schriftliche Stellungnahme zur öffentlichen Anhörung des Ausschusses für Recht und Verbraucherschutz des Deutschen Bundestages am 1. Juni 2016.* Abgerufen am 28. 05 2017 von bundestag.de: http://www.bundestag.de/blob/425522/0ad57cf08a513cb70418d34398bc0e3c/clemm-data.pdf

Deck, U. (11. 05 2017). *Erstes Urteil nach neuem Sexualstrafrecht.* Abgerufen am 08. 06 2017 von Focus.de: http://www.focus.de/panorama/welt/bautzen-erstes-urteil-nach-neuem-sexualstrafrecht-grapscher-muss-in-haft_id_7121055.html

Deutscher Bundestag - Onlinedienst. (2016). *Experten befürworten Nein-heißt-Nein-Lösung.* Von bundestag.de:

https://www.bundestag.de/dokumente/textarchiv/2016/kw22-pa-recht/423538 abgerufen

Diehl, J., & Maxwill, P. (31. 03 2017). *Dokument des Scheiterns.* Von spiegel.de: http://www.spiegel.de/panorama/justiz/koeln-bericht-ueber-silvester-2015-belastet-polizei-und-stadt-a-1141368.html abgerufen

DIfM. (01. 06 2016). *Stellungnahme des Deutschen Instituts für Menschenrechte anlässlich der öffentlichen Anhörung des Ausschusses für Recht und Verbraucherschutz zu den drei Gesetzentwürfen zur Änderung des Sexualstrafrechts.* Abgerufen am 30. 05 2017 von bundestag.de: http://www.bundestag.de/blob/425388/82667368260aa55e7103a538fbbb0bf9/rabe-data.pdf

djb - Deutscher Juristinnenbund e.V. (09. 05 2014). Stellungnahme zur grundsätzlichen Notwendigkeit einer Anpassung des Sexualstrafrechts (insbesondere § 177 StGB) an die Vorgaben der Istanbul-Konvention von 2011. Berlin.

djb-Deutscher Juristinnenbund e.V. (31. 05 2016). *Stellungnahme-Verbesserung des Schutzes der sexuellen Selbstbestimmung: Öffentliche Anhörung des Bundestagsausschusses für Recht und Verbraucherschutz am 01. Juni 2016.* Abgerufen am 28. 05 2017 von bundestag.de: http://www.bundestag.de/blob/425526/0e33b153fb0794c77af9aaa36110023d/freudenberg-data.pdf

Dölling, D., & Kunz, A. M. (Juni 2017). *Forschungsbericht: Belastungen von Opfern im Ermittlungsverfahren.* (Weisser Ring Stiftung, Hrsg.) Abgerufen am 05. 07 2017 von weisser-ring-stiftung.de: http://weisser-ring-stiftung.de/sites/default/files/domains/weisser_ring_stiftung/downloads/wrsforschungsberichthp_0.pdf

duden.de. (2017). Abgerufen am 29. 06 2017 von http://www.duden.de/rechtschreibung/bestimmen

Eisele, J. (31. 05 2016). *Schriftliche Stellungnahme zur Sachverständigenanhörung im Ausschuss für Recht und Verbraucherschutz des Deutschen Bundestages.* Abgerufen am 28. 05 2017 von bundestag.de: http://www.bundestag.de/blob/425524/a950a0666f21cb3e7b7f177118dec89b/eisele-data.pdf

Facebook Bündnis 90/Die Grünen. (11. 06 2016). Abgerufen am 16. 02 17 von https://www.facebook.com/B90DieGruenen/photos/a.103764373218.113604.47217143218/10154892588118219/?type=3&theater

Feuerbach, L. (09. 06 2016). *Warum sich Hunderte mit Gina-Lisa Lohfink solidarisieren.* Von faz.net: http://www.faz.net/aktuell/gesellschaft/gina-lisa-lohfinks-vergewaltigung-loest-sexualstrafrecht-debatte-aus-14277535.html abgerufen

Fischer, T. (14. 01 2015). *Anhörung zu dem Antrag zur Drucksache 18/1969.* Abgerufen am 24. 05 2017 von bundestag.de: https://www.bundestag.de/blob/357200/18bdafafc324ec0f4c09a339a13753ce/fischer-data.pdf

Fischer, T. (10. 05 2016a). *Volk in Angst.* Abgerufen am 13. 05 2017 von Zeit.de; Kolumne Fischer im Recht: http://www.zeit.de/gesellschaft/zeitgeschehen/2016-05/sexualstrafrecht-noetigung-vergewaltigung-fischer-im-recht

Fischer, T. (28. 06 2016b). *Zum letzten Mal: Nein heißt Nein.* Abgerufen am 24. 05 2017 von Zeit.de; Kolumne Fischer im Recht: http://www.zeit.de/gesellschaft/zeitgeschehen/2016-06/rechtspolitik-sexualstrafrecht-nein-heisst-nein-fischer-im-recht

Fischer, T. (2017). *Strafgesetzbuch und Nebengesetze* (49 Ausg.). München: C.H.Beck.

Focus. (13. 06 2016). *Gina-Lisa Lohfink: Politiker setzen sich für sie ein.* Abgerufen am 16. 02 17 von Focus.de: http://www.focus.de/kultur/vermischtes/gina-lisa-lohfink-politiker-setzen-sich-fuer-sie-ein_id_5623153.html

Gläser, J., & Laudel, G. (2009). *Experteninterviews und qualitative Inhaltsanalyse als Instrumente rekonstruierender Untersuchungen.* Wiesbaden: VS Verlag für Sozialwissenschaften.

Herning, L., & Illgner, J. (2016). "Ja heißt Ja" - Konsensorientierter Ansatz im deutschen Sexualstrafrecht. *zrp Zeitschrift für Rechtspolitik*(3;2016), S. 77 ff.

Hörnle, T. (Januar 2015a). *Menschenrechtliche Verpflichtungen aus der Istanbul-Konvention.* Abgerufen am 10. 05 2017 von institut-fuer-menschenrechte.de: http://www.institut-fuer-menschenrechte.de/uploads/tx_commerce/Menschenrechtliche_Verpflichtungen_aus_der_Istanbul_Konvention_Ein_Gutachten_zur_Reform_des_Paragraf_177_StGB.pdf

Hörnle, T. (2015b). Warum § 177 Abs. 1 StGB durch einen neuen Tatbestand ergänzt werden sollte. *zis - Zeitschrift für internationale Strafrechtsdogmatik, 10. Jahrgang*(4/2015),

S. 206-216. Abgerufen am 12. 05 2017 von http://www.zis-online.com/dat/artikel/2015_4_913.pdf

Hörnle, T. (31. 5 2016). *Schriftliche Stellungnahme für die öffentliche Anhörung des Ausschusses für Recht und Verbraucherschutz des Deutschen Bundestages am 1. Juni 2016.* Abgerufen am 28. 05 2017 von bundestag.de: http://www.bundestag.de/blob/425248/45dd98986c19bc744e079c804490fd19/hoernle-data.pdf

Hörnle, T. (15. 01 2017). Das Gesetz zur Verbesserung des Schutzes sexueller Selbstbestimmung. *NStZ-Neue Zeitschrift für Strafrecht*(1/2017), S. 13-21.

Hoven, E., & Weigend, T. (Februar 2017). "Nein heißt Nein" - und viele Fragen offen. *JZ-JuristenZeitung*(4/2017), S. 182-191.

http://verteidigung-strafrecht.de/anwaelte/. Von http://verteidigung-strafrecht.de/anwaelte/ abgerufen

journascience.org. Abgerufen am 11. 06 2017 von http://www.journascience.org/de/gewaltkrimi/spezial/duenkel/duenkel-tab_01.shtml

Kieler, M. (2003). *Tatbestandsprobleme der sexuellen Nötigung, Vergewaltigung sowie des sexuellen Missbrauchs widerstandsunfähiger Personen* (Bd. 52). Berlin: Tenea. Abgerufen am 23. 05 2017 von https://books.google.de/books?hl=de&lr=&id=lRxpyKUM9uMC&oi=fnd&pg=PR5&dq=marita+kieler&ots=rQz1f7NEuy&sig=9HuDqaxy56dksgEwQUu4Gc3Q5Zs#v=onepage&q=marita%20kieler&f=false

Kulms, J. (10. 01 2016). *Große Koalition will schärfere Gesetze*. Von deutschlandfunk.de: http://www.deutschlandfunk.de/sexuelle-uebergriffe-in-koeln-grosse-koalition-will.1783.de.html?dram:article_id=342082 abgerufen

Lehmann, G. (2015). *Wissenschaftliche Arbeiten - zielwirksam erfassen und präsentieren* (5 Ausg.). Renningen: expert verlag.

Mayring, P. (2015). *Qualitative Inhaltsanalyse. Grundlagen und Techniken* (12 Ausg.). Weinheim: Beltz.

Meiritz, A. (07. 07 2016). *Vier Erkenntnisse zum neuen Sexualstrafrecht*. Abgerufen am 08. 06 2017 von spiegel.de: http://www.spiegel.de/politik/deutschland/sexualstrafrecht-im-bundestag-in-der-praxis-drohen-probleme-a-1101818.html

Michel, A. M., Schönian, V., Thurm, F., & Steffen, T. (14. 01 2016). *Was geschah in Köln*. Von zeit.de: http://www.zeit.de/gesellschaft/zeitgeschehen/2016-01/koeln-silvester-sexuelle-uebergriffe-raub-faq abgerufen

Möllers, T. (2010). *Juristische Arbeitstechnik und wissenschaftliches Arbeiten* (5 Ausg.). München: Vahlen.

Müller, H. (28. 07 2016). Editorial: Gute Intention, übereiltes Verfahren, problematisches Ergebnis. *NJW - Neue Juristische Wochenschrift*(31/2016), S. 3.

Nehlsen, H. (1983). Entstehung des öffentlichen Strafrechts bei den germanischen Stämmen. In K. Kroeschell, *Gerichtslauben-Vorträge.Freiburger Fest-Kolloquium zum 75. Geburtstag von Hans Thieme* (S. 3-16). Sigmaringen: Thorbecke. Abgerufen am 11. 06 2017 von https://epub.ub.uni-muenchen.de/9418/1/9418.pdf

Ohlenschlager, E. (25. 05 2016). *Schriftliche Stellungnahme zur Sachverständigenanhörung am 01. Juni 2016.* Abgerufen am 28. 05 2017 von bundestag.de: http://www.bundestag.de/blob/424640/2e159207c633d31ffef3ee32c66bf284/ohlenschlager-data.pdf

Papathanasiou, K. (2016). *Das reformierte Sexualstrafrecht - Ein Überblick über die vorgenommenen Änderungen.* Abgerufen am 10. 05 2017 von KriPoZ Kriminalpolitische Zeitschrift (kripoz.de): http://kripoz.de/wp-content/uploads/2016/08/papathanasiou-das-reformierte-sexualstrafrecht.pdf

Quadbeck, E. (09. 06 2016). *Silvester - Täter kamen mit Flüchtlingswelle ins Land.* Abgerufen am 17. 06 2017 von rp-online.de: http://www.rp-online.de/politik/deutschland/berlin/blog/silvester-nacht-von-koeln-taeter-kamen-mit-fluechtlingswelle-ins-land-aid-1.6034491

Raab, I. (07. 06 2017). EKHK. (C. Kötzel, Interviewer) München.

Radbruch, G. (1960). *Die peinliche Gerichtsordnung Karls V. von 1532 (Carolina).* (G. Radbruch, Hrsg.) Stuttgart.

Renzikowski, J. (01. 12 2016). Nein! - Das neue Sexualstrafrecht. *NJW-Neue Juristische Wochenschrift*(49/2016), S. 3553-3558.

Rietzschel, A. (10. 02 2017). *Hat Ihr Anwalt Ihnen nicht gesagt, dass sie nicht kommen müssen?* Von sueddeutsche.de: http://www.sueddeutsche.de/panorama/gina-lisa-lohfink-hat-ihr-anwalt-ihnen-nicht-gesagt-dass-sie-nicht-kommen-muessen-1.3373539 abgerufen

Rosenfeld, D. (07. 07 2016). *Der falsche Fall.* Von zeit.de. abgerufen am 12.07.2017

Schmidt-Bens, W. (2016). Meilensteine in der Entwicklung der rechtlichen Stellung der Frau in Deutschland seit dem Allgemeinen Landrecht für die Preußischen Staaten. *NZFam*(24).

Schulz, A. (08. 07 2016). *Juristen und Polizisten kritisieren neues Sexualstrafrecht.* Abgerufen am 08. 06 2017 von sueddeutsche.de: http://www.sueddeutsche.de/news/panorama/kriminalitaet-juristen-und-polizisten-kritisieren-neues-sexualstrafrecht-dpa.urn-newsml-dpa-com-20090101-160708-99-607075

Sexmob an Silvester. (10. 07 2016). Von **bild.de**: http://www.bild.de/regional/koeln/sex-uebergriffe-silvesternacht/bka-zahlen-zu-sex-mob-aus-silvesternacht-46733882.bild.html abgerufen

Sex-Überfälle an Silvester. (03. 01 2016). Abgerufen am 17. 06 2017 von **bild.de**: http://www.bild.de/regional/koeln/sexuelle-belaestigung/sexuebergriffe-koeln-vierzig-taeter-43997892.bild.html

Sick, B. (1993). *Sexuelles Selbstbestimmungsrecht und Vergewaltigungsbegriff.* Berlin.

Spiegel, A. (14. 07 2016). *"Nein heißt Nein" im Sexualstrafrecht ist ein Meilenstein für die Frauenpolitik.* Abgerufen am 08. 06 2017 von Ministerium für Familie, Frauen, Jugend, Integration und Verbraucherschutz Rheinland-Pfalz: https://mffjiv.rlp.de/de/service/presse/detail/news/detail/News/spiegel-nein-heisst-nein-im-sexualstrafrecht-ist-ein-meilenstein-fuer-die-frauenpolitik/

Statistisches Bundesamt. *Strafverfolgung - Verurteilte 2015.* Abgerufen am 14. 06 2017 von destatis.de: https://www.destatis.de/DE/ZahlenFakten/GesellschaftStaat/Rechtspflege/Tabellen/VerurteilteStrafart.html

Stevens, A. (13. 06 2017). Dr. jur. (C. Kötzel, Interviewer) München.

Stokowski, M. (28. 04 2016). *Wäre die Vagina doch ein Auto.* Abgerufen am 23. 06 2017 von spiegel.de: http://www.spiegel.de/kultur/gesellschaft/sexualstrafrecht-waere-die-vagina-doch-ein-auto-kolumne-a-1089732.html

Weisser Ring. (30. 05 2016). *Vorbereitende Stellungnahme zur Sachverständigenanhörung im Ausschuss für Recht und Verbraucherschutz des Deutschen Bundestages am 01. Juni 2016.* Abgerufen am 30. 05 2017 von bundestag.de: http://www.bundestag.de/blob/425252/c8a89116faaaed5cb515448f15b274ff/mueller_piepenkoetter-data.pdf

Wollmann, S., & Schaar, M. (2016). Alles nur eine Frage der Kampagne? Das Schutzlückenprojekt "Nein heißt Nein!". *NK Neue Kriminalpolitik*(3 (2016)), S. 268-283.

E. Rechtsquellenverzeichnis

49. Gesetz zur Änderung des StGB - Umsetzung europäischer Vorgaben zum Sexualstrafrecht. (26. 01 2015). *BGBl. I Nr. 2*. Berlin.

50. Gesetz zur Änderung des Strafgesetzbuches - Verbesserung des Schutzes der sexuellen Selbstbestimmung. (09. 11 2016). *BGBl. Teil I Nr. 52*, 2460. Berlin. Abgerufen am 16. 02 2017 von https://www.bgbl.de/xaver/bgbl/start.xav#__bgbl__%2F%2F*%5B%40attr_id%3D%27bgbl116s2460.pdf%27%5D__1487249269412

AG Bautzen. (14. 05 2017). 40 Ds 530 Js 866/17. Bautzen.

Ausschuss für Recht und Verbraucherschutz (6. Ausschuss). (06. 07 2016). **BT-Dr. 18/9097.** *Beschlussempfehlung und Bericht zum Gesetzentwurf der Bundesregierung Dr. 18/8210, 18/8626.* Berlin. Abgerufen am 26. 05 2017 von http://dip21.bundestag.de/dip21/btd/18/090/1809097.pdf

BGH. (22. 07 1969). 1 StR 456/68. Karlsruhe. Abgerufen am 11. 06 2017 von http://connect.juris.de/jportal/portal/t/var/page/jurisw.psml?pid=Dokumentanzeige&showdoccase=1&js_peid=Trefferliste&documentnumber=1&numberofresults=1&fromdoctodoc=yes&doc.id=KORE035578037&doc.part=L&doc.price=0.0&doc.hl=1#focuspoint

BGH. (22. 06 2006). 3 StR 172/06. Karlsruhe.

BGH. (08. 11 2011). 2 StR 3/13. Karlsruhe.

BGH. (20. 03 2012a). 4 StR 561/11. Karlsruhe.

BGH. (16. 10 2012b). 3 StR 385/12. Karlsruhe.

BMJV. (14. 07 2015b). Referentenentwurf BMJV. *Entwurf eines ... Gesetzes zur Änderung des Strafgesetzbuches - Verbesserung des Schutzes der sexuellen Selbstbestimmung.* Berlin. Abgerufen am 10. 05 2017 von https://www.bmjv.de/SharedDocs/Gesetzgebungsverfahren/Dokumente/RefE_SchutzSexuelleSelbstbestimmung.pdf;jsessionid=C3D461836850E6F7873B82608F4D7618.2_cid324?__blob=publicationFile&v=4

Bundesrat. (13. 05 2016). *BR.-Dr. 162/16 (B) Stellungnahme des Bundesrates-Entwurf eines Gesetzes zur Änderung des StGB: Verbesserung des Schutzes der sexuellen Selbstbestimmung.* Abgerufen am 05. 06 2017 von bundesrat.de: https://www.bundesrat.de/SharedDocs/drucksachen/2016/0101-0200/162-16(B).pdf?__blob=publicationFile&v=1

Bundesregierung. (25. 04 2016). **BT-Dr. 18/8210.** *Entwurf eines Gesetzes zur Änderung des Strafgesetzbuches - Verbesserung des Schutzes der sexuellen Selbstbestimmung.* Abgerufen am 16. 02 17 von http://dipbt.bundestag.de/doc/btd/18/082/1808210.pdf

Bündnis 90/ DIE GRÜNEN. (01. 07 2015). **BT.-Dr. 18/5384.** *Gesetzentwurf der Fraktion Bündnis 90/DIE GRÜNEN - Entwurf eines Gesetzes zur Änderung des Strafgesetzbuches zur Verbesserung des Schutzes vor sexueller Misshandlung und Vergewaltigung.* Abgerufen am 30. 05 2017 von http://dip21.bundestag.de/dip21/btd/18/053/1805384.pdf

Deutscher Bundestag. (07. 07 2016a). **BT-Plenarprotokoll 18/183.** Berlin. Abgerufen am 08. 06 2017 von dipbt.bundestag.de: http://dipbt.bundestag.de/doc/btp/18/18183.pdf

Deutscher Bundestag. (2016b). **BT-Plenarprotokoll 18/167.**, (S. 16386 ff.). Berlin.

DIE LINKE. (25. 02 2016). **BT.-Dr. 18/7719.** *Gesetzentwurf der Fraktion DIE LINKE - Entwurf eines Strafrechtsänderungsgesetzes zur Änderung des Sexualstrafrechts.* Abgerufen am 30. 05 2017 von http://dip21.bundestag.de/dip21/btd/18/077/1807719.pdf

EGMR. (04. 12 2003). *EGMR 39272/98: Beschwerdesache M. C. gegen Bulgarien.* Abgerufen am 13. 06 2017 von https://www.ris.bka.gv.at/Dokument.wxe?Abfrage=Justiz&Dokumentnummer=JJT_20031204_AUSL000_000BSW39272_9800000_000

Europäischer Rat. (2011). *Explanatory Report ETS 210.* Istanbul. Abgerufen am 14. 06 2017 von https://rm.coe.int/16800d383a

Högl, E., Winkelmeier-Becker, E., Ferner, E., Widmann-Mauz, A., Dr. Reimann, C., Maag, K., . . . Rix, S. (01. 06 2016). *Eckpunktepapier zur Reform des Sexualstrafrechts - mit dem Grundsatz "Nein heißt Nein".* Abgerufen am 16. 02 17 von Bundestag.de: https://www.bundestag.de/blob/425890/08ddc9a8cced2c4ca8305b5ec2dccace/tischvorlage-data.pdf

Istanbul-Konvention ETS 210. (2011). *Übereinkommen des Europarats zur Verhütung und Bekämpfung von Gewalt gegen Frauen und häuslicher Gewalt.* Istanbul. Abgerufen am 13. 06 2017 von www.coe.int/conventionviolence

Oppenhoff, F. C. (1873). *Das Strafgesetzbuch für das Deutsche Reich.* Berlin: Reimer. Abgerufen am 11. 06 2017 von http://reader.digitale-sammlungen.de/de/fs1/object/display/bsb11158080_00311.html

Schweizerisches Strafgesetzbuch. (01. 01 2017). Von admin.ch: https://www.admin.ch/opc/de/classified-compilation/19370083/index.html#a189 abgerufen am 12.07.2017

Sozialgesetzbuch Neuntes Buch. (19. 06 2001). Abgerufen am 26. 06 2017 von gesetze-im-internet.de: https://www.gesetze-im-internet.de/sgb_9/__2.html

StGB Österreich. Von jusline.at: https://www.jusline.at/218_Sexuelle_Belästigung_und_öffentliche_geschlechtliche_Handlungen_StGB.html abgerufen

Strafgesetzbuch. (23. 05 2017). Abgerufen am 12. 06 2017 von gesetze-im-internet.de: https://www.gesetze-im-internet.de/stgb/BJNR001270871.html#BJNR001270871BJNG005002307

Strafgesetzbuch für das deutsche Reich vom 15. Mai 1871. Abgerufen am 11. 06 2017 von Lexetius.com: http://lexetius.com/leges/StGB/Inhalt?1

F. Abkürzungsverzeichnis

aA	=	andere Ansicht
Abs.	=	Absatz
AG	=	Amtsgericht
Art.	=	Artikel
BGH	=	Bundesgerichtshof
BKA	=	Bundeskriminalamt
BMJV	=	Bundesministerium der Justiz und für Verbraucherschutz
Ebd.	=	ebenda
EGMR	=	Europäischer Gerichtshof für Menschenrechte
EMRK	=	Europäische Menschenrechtskonvention
Gem.	=	gemäß
GG	=	Grundgesetz
i.V.m.	=	in Verbindung mit
OWiG	=	Ordnungswidrigkeitengesetz
RNr	=	Randnummer
RStGB	=	Reichsstrafgesetzbuch (in der Fassung von 1872)
S.	=	Satz
StA	=	Staatsanwaltschaft
StÄndG	=	Strafrechtsänderungsgesetz
StGB	=	Strafgesetzbuch
StGB a.F.	=	Strafgesetzbuch alte Fassung
StGB n.F.	=	Strafgesetzbuch neue Fassung
StGB-E	=	Strafgesetzbuch-Entwurf
StRG	=	Gesetz zur Reform des Strafrechts

G. Anhang

1) Synopse

alt	neu	Bemerkungen
§ 177 Sexuelle Nötigung; Vergewaltigung	**§ 177 Sexueller Übergriff; sexuelle Nötigung; Vergewaltigung**	
	(1) Wer **gegen den erkennbaren Willen** einer anderen Person sexuelle Handlungen an dieser Person vornimmt oder von ihr vornehmen lässt oder diese Person zur Vornahme oder Duldung sexueller Handlungen an oder von einem Dritten bestimmt, wird mit Freiheitsstrafe von **sechs Monaten bis zu fünf Jahren** bestraft.	sex Übergriff, Grunddelikt neu
	(2) **Ebenso** wird bestraft, wer sexuelle Handlungen an einer anderen Person vornimmt oder von ihr vornehmen lässt oder diese Person zur Vornahme oder Duldung sexueller Handlungen an oder von einem Dritten bestimmt, **wenn**	sex Übergriff, Grunddelikt neu
	1. der Täter ausnutzt, dass die Person **nicht in der Lage ist, einen entgegenstehenden Willen zu bilden oder zu äußern**,	unfähig Willen zu bilden 179 I, II aF
	2. der Täter ausnutzt, dass die Person auf Grund ihres **körperlichen oder psychischen Zustands in der Bildung oder Äußerung des Willens erheblich eingeschränkt ist, es sei denn, er hat sich der Zustimmung dieser Person versichert,**	Willensbildung erhebl. eingeschränkt neu
	3. der Täter ein **Überraschungsmoment** ausnutzt,	Überraschungsmoment, neu
	4. der Täter eine **Lage ausnutzt**, in der dem Opfer bei Widerstand ein empfindliches Übel droht, oder	Lage ausnutzen
	5. der Täter die Person zur Vornahme oder Duldung der sexuellen Handlung durch Drohung mit einem empfindlichen Übel genötigt hat.	sex Nötigung, Grunddelikt 240 IV2 Nr1 aF
	(3) Der Versuch ist strafbar.	
(1) Wer eine andere Person	(4) Auf Freiheitsstrafe **nicht unter einem Jahr** ist zu erkennen, wenn die Unfähigkeit, einen Willen zu bilden oder zu äußern, **auf einer Krankheit** oder **Behinderung** des Opfers beruht.	sex Übergriff, Qual. 177 II 1 179 I, II aF
1. mit Gewalt,		
2. durch Drohung mit gegenwärtiger Gefahr für Leib oder Leben oder	(5) Auf Freiheitsstrafe **nicht unter einem Jahr** ist zu erkennen, wenn der Täter	
3. unter Ausnutzung einer Lage, in der das Opfer der Einwirkung des Täters schutzlos ausgeliefert ist,	1. **gegenüber dem Opfer** Gewalt anwendet,	sex Übergriff, Qual. 177 I, II - 177I1 bzw 240 IV2Nr1 aF
~~nötigt,~~ sexuelle Handlungen des Täters oder eines Dritten an sich zu dulden oder an dem Täter oder einem Dritten	2. dem Opfer mit gegenwärtiger Gefahr für Leib oder Leben droht oder	sex Übergriff, Qual. 177 I, II 177 I 2 aF
vorzunehmen, wird mit Freiheitsstrafe ~~nicht unter einem Jahr~~ bestraft.	3. eine Lage ausnutzt, in der das Opfer der Einwirkung des Täters schutzlos ausgeliefert ist.	sex Übergriff, Qual. 177 I, II 177 I 3aF
(2) In besonders schweren Fällen ist die Strafe Freiheitsstrafe nicht unter zwei Jahren. Ein besonders schwerer Fall liegt in der Regel vor, wenn	(6) In besonders schweren Fällen ist auf Freiheitsstrafe **nicht unter zwei Jahren** zu erkennen. Ein **besonders schwerer Fall** liegt in der Regel vor, wenn	Vergewaltigung zu Grunddelikten
1. der Täter mit dem Opfer den Beischlaf vollzieht oder ähnliche sexuelle Handlungen an dem Opfer vornimmt oder ~~an sich~~ von ihm vornehmen läßt, die dieses besonders erniedrigen, insbesondere wenn sie mit einem Eindringen in den Körper verbunden sind (Vergewaltigung), oder	1. der Täter mit dem Opfer den Beischlaf vollzieht oder **vollziehen lässt** oder ähnliche sexuelle Handlungen an dem Opfer vornimmt oder **von ihm vornehmen** lässt, die dieses besonders erniedrigen, insbesondere wenn sie mit einem Eindringen in den Körper verbunden sind (**Vergewaltigung**), oder	Regelbeispiel zu 177 I, II 177 II 1 aF
2. die Tat von mehreren gemeinschaftlich begangen wird.		
(3) Auf Freiheitsstrafe nicht unter drei Jahren ist zu erkennen, wenn der Täter	(7) Auf Freiheitsstrafe **nicht unter drei Jahren** ist zu erkennen, wenn der Täter	Qual. zu 177 I, II
1. eine Waffe oder ein anderes gefährliches Werkzeug bei sich führt,		
2. sonst ein Werkzeug oder Mittel bei sich führt, um den Widerstand einer anderen Person durch Gewalt oder Drohung mit Gewalt zu verhindern oder zu überwinden, oder		
3. das Opfer ~~durch die Tat~~ in die Gefahr einer schweren Gesundheitsschädigung bringt.	3. das Opfer in die Gefahr einer schweren Gesundheitsschädigung bringt.	
(4) Auf Freiheitsstrafe nicht unter fünf Jahren ist zu erkennen, wenn der Täter	(8) Auf Freiheitsstrafe **nicht unter fünf Jahren** ist zu erkennen, wenn der Täter	Qual. zu 177 I, II
1. bei der Tat eine Waffe oder ein anderes gefährliches Werkzeug verwendet oder		
2. das Opfer		
a) bei der Tat körperlich schwer mißhandelt oder	a) bei der Tat körperlich schwer misshandelt oder	
b) durch die Tat in die Gefahr des Todes bringt.		
~~(5) In minder schweren Fällen des Absatzes 1 ist auf Freiheitsstrafe von sechs Monaten bis zu fünf Jahren, in minder schweren Fällen der Absätze 3 und 4 auf Freiheitsstrafe von einem Jahr bis zu zehn Jahren zu erkennen.~~	(9) In **minder schweren** Fällen der Absätze 1 und 2 ist auf Freiheitsstrafe von drei Monaten bis zu drei Jahren, in minder schweren Fällen der Absätze 4 und 5 ist auf Freiheitsstrafe von sechs Monaten bis zu zehn Jahren, in minder schweren Fällen der Absätze 7 und 8 ist auf Freiheitsstrafe von einem Jahr bis zu zehn Jahren zu erkennen.	

alt	neu	Bemerkungen
§ 178 Sexuelle Nötigung und Vergewaltigung mit Todesfolge Verursacht der Täter durch die sexuelle Nötigung oder Vergewaltigung (§ 177) wenigstens leichtfertig den Tod des Opfers, so ist die Strafe lebenslange Freiheitsstrafe oder Freiheitsstrafe nicht unter zehn Jahren.	**§ 178 Sexueller Übergriff, sexuelle Nötigung und Vergewaltigung mit Todesfolge** Verursacht der Täter durch den sexuellen Übergriff, die sexuelle Nötigung oder Vergewaltigung (§ 177) wenigstens leichtfertig den Tod des Opfers, so ist die Strafe lebenslange Freiheitsstrafe oder Freiheitsstrafe nicht unter zehn Jahren.	Erfolgsqual. zu 177 I, II, VI Nr 1

alt	neu	
§ 179 Sexueller Mißbrauch widerstandsunfähiger Personen ~~(1) Wer eine andere Person, die~~ ~~1. wegen einer geistigen oder seelischen Krankheit oder Behinderung einschließlich einer Suchtkrankheit oder wegen einer tiefgreifenden Bewußtseinsstörung oder~~ ~~2. körperlich~~ ~~zum Widerstand unfähig ist, dadurch mißbraucht, daß er unter Ausnutzung der Widerstandsunfähigkeit sexuelle Handlungen an ihr vornimmt oder an sich von ihr vornehmen läßt, wird mit Freiheitsstrafe von sechs Monaten bis zu zehn Jahren bestraft.~~ ~~(2) Ebenso wird bestraft, wer eine widerstandsunfähige Person (Absatz 1) dadurch mißbraucht, daß er sie unter Ausnutzung der Widerstandsunfähigkeit dazu bestimmt, sexuelle Handlungen an einem Dritten vorzunehmen oder von einem Dritten an sich vornehmen zu lassen.~~ ~~(3) In besonders schweren Fällen ist auf Freiheitsstrafe nicht unter einem Jahr zu erkennen.~~ ~~(4) Der Versuch ist strafbar.~~ ~~(5) Auf Freiheitsstrafe nicht unter zwei Jahren ist zu erkennen, wenn~~ ~~1. der Täter mit dem Opfer den Beischlaf vollzieht oder ähnliche sexuelle Handlungen an ihm vornimmt oder an sich von ihm vornehmen läßt, die mit einem Eindringen in den Körper verbunden sind,~~ ~~2. die Tat von mehreren gemeinschaftlich begangen wird oder~~ ~~3. der Täter das Opfer durch die Tat in die Gefahr einer schweren Gesundheitsschädigung oder einer erheblichen Schädigung der körperlichen oder seelischen Entwicklung bringt.~~ ~~(6) In minder schweren Fällen des Absatzes 5 ist auf Freiheitsstrafe von einem Jahr bis zu zehn Jahren zu erkennen.~~ ~~(7) § 177 Abs. 4 Nr. 2 und § 178 gelten entsprechend.~~	**§ 179 (aufgehoben)**	

alt	neu	Bemerkungen
§ 184i (neu)	**§ 184i Sexuelle Belästigung** (1) Wer eine andere Person **in sexuell bestimmter Weise körperlich berührt** und **dadurch belästigt**, wird mit Freiheitsstrafe bis zu zwei Jahren oder mit Geldstrafe bestraft, wenn nicht die Tat in anderen Vorschriften mit schwererer Strafe bedroht ist.	Grunddelikt neu subsidiär
	(2) In besonders schweren Fällen ist die Freiheitsstrafe von drei Monaten bis zu fünf Jahren. Ein **besonders schwerer Fall** liegt in der Regel vor, wenn die Tat von mehreren **gemeinschaftlich** begangen wird.	Regelbeispiel
	(3) Die Tat wird nur auf Antrag verfolgt, es sei denn, dass die Strafverfolgungsbehörde wegen des besonderen öffentlichen Interesses an der Strafverfolgung ein Einschreiten von Amts wegen für geboten hält.	relatives Antragsdelikt

alt	neu	Bemerkungen
§ 184j (neu)	**§ 184j Straftaten aus Gruppen** Wer eine **Straftat** dadurch **fördert,** dass er sich **an einer Personengruppe beteiligt**, die eine andere Person zur Begehung einer Straftat an ihr bedrängt, wird mit Freiheitsstrafe bis zu zwei Jahren oder mit Geldstrafe bestraft, wenn von einem Beteiligten der Gruppe eine Straftat nach den §§ 177 oder 184i begangen wird und die Tat nicht in anderen Vorschriften mit schwererer Strafe bedroht ist.	neu subsidiär

alt	neu	Bemerkungen
§ 240 Nötigung		
(1) Wer einen Menschen rechtswidrig mit Gewalt oder durch Drohung mit einem empfindlichen Übel zu einer Handlung, Duldung oder Unterlassung nötigt, wird mit Freiheitsstrafe bis zu drei Jahren oder mit Geldstrafe bestraft.		
(2) Rechtswidrig ist die Tat, wenn die Anwendung der Gewalt oder die Androhung des Übels zu dem angestrebten Zweck als verwerflich anzusehen ist.		
(3) Der Versuch ist strafbar.		
(4) In besonders schweren Fällen ist die Strafe Freiheitsstrafe von sechs Monaten bis zu fünf Jahren. Ein besonders schwerer Fall liegt in der Regel vor, wenn der Täter		jetzt in:
1. eine andere Person zu einer sexuellen Handlung nötigt, 2. eine Schwangere zum Schwangerschaftsabbruch nötigt oder 3. seine Befugnisse oder seine Stellung als Amtsträger mißbraucht.	1. eine Schwangere zum Schwangerschaftsabbruch nötigt oder 2. seine Befugnisse oder seine Stellung als Amtsträger mißbraucht.	177 II Nr.5

2) Vergleichende grafische Darstellung § 177 alt und neu

§ 177 neue Fassung:

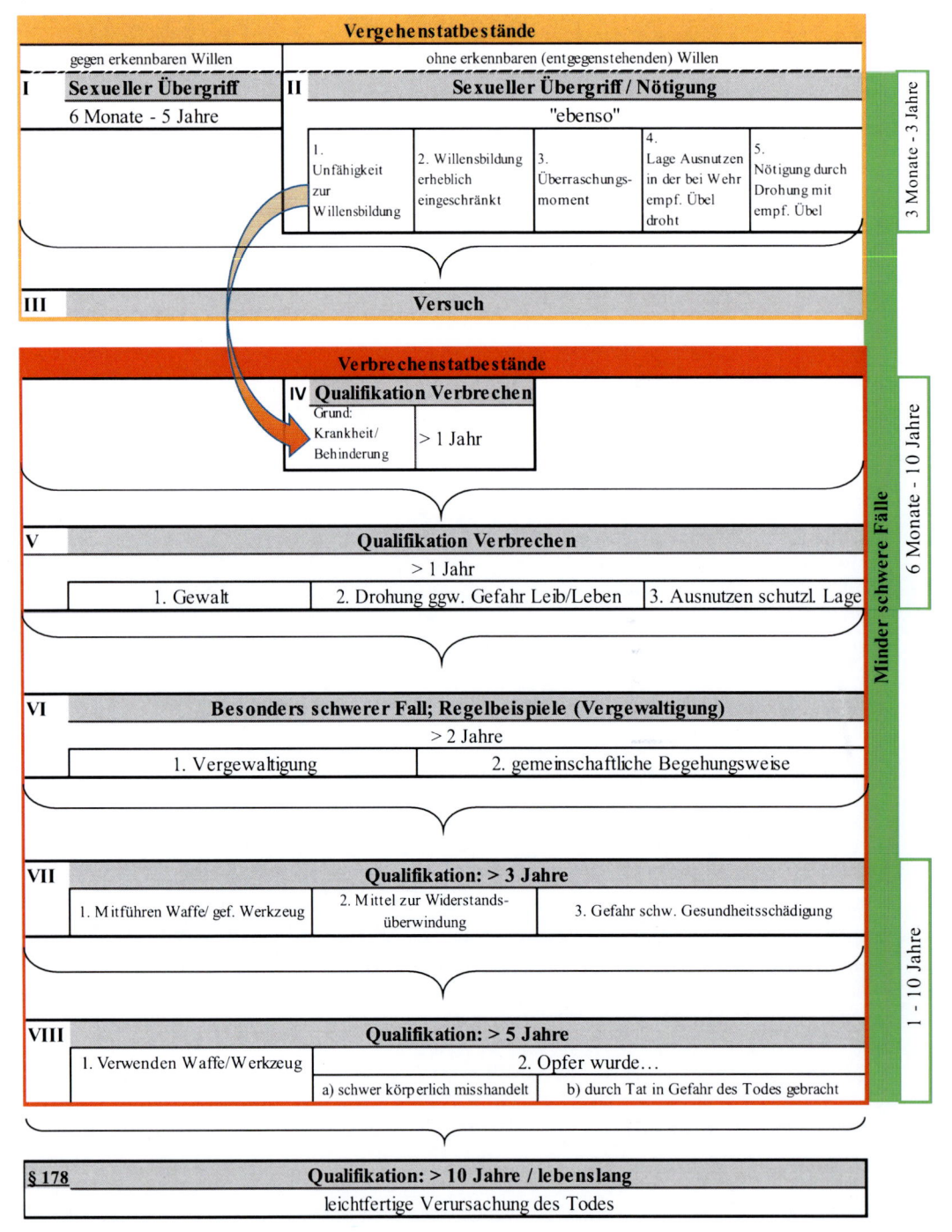

		Vergehenstatbestände					
	gegen erkennbaren Willen	ohne erkennbaren (entgegenstehenden) Willen					
I	Sexueller Übergriff 6 Monate - 5 Jahre	II	Sexueller Übergriff / Nötigung "ebenso"				3 Monate - 3 Jahre
			1. Unfähigkeit zur Willensbildung	2. Willensbildung erheblich eingeschränkt	3. Überraschungs-moment	4. Lage Ausnutzen in der bei Wehr empf. Übel droht	5. Nötigung durch Drohung mit empf. Übel
III			Versuch				

	Verbrechenstatbestände		
IV	Qualifikation Verbrechen Grund: Krankheit/Behinderung	> 1 Jahr	
V	Qualifikation Verbrechen > 1 Jahr		
	1. Gewalt	2. Drohung ggw. Gefahr Leib/Leben	3. Ausnutzen schutzl. Lage
VI	Besonders schwerer Fall; Regelbeispiele (Vergewaltigung) > 2 Jahre		
	1. Vergewaltigung	2. gemeinschaftliche Begehungsweise	
VII	Qualifikation: > 3 Jahre		
	1. Mitführen Waffe/ gef. Werkzeug	2. Mittel zur Widerstands-überwindung	3. Gefahr schw. Gesundheitsschädigung
VIII	Qualifikation: > 5 Jahre		
	1. Verwenden Waffe/Werkzeug	2. Opfer wurde...	
		a) schwer körperlich misshandelt	b) durch Tat in Gefahr des Todes gebracht
§ 178	Qualifikation: > 10 Jahre / lebenslang		
	leichtfertige Verursachung des Todes		

Rechte Spalte: Minder schwere Fälle — 6 Monate - 10 Jahre / 1 - 10 Jahre

§§ 177 & 179 alte Fassung:

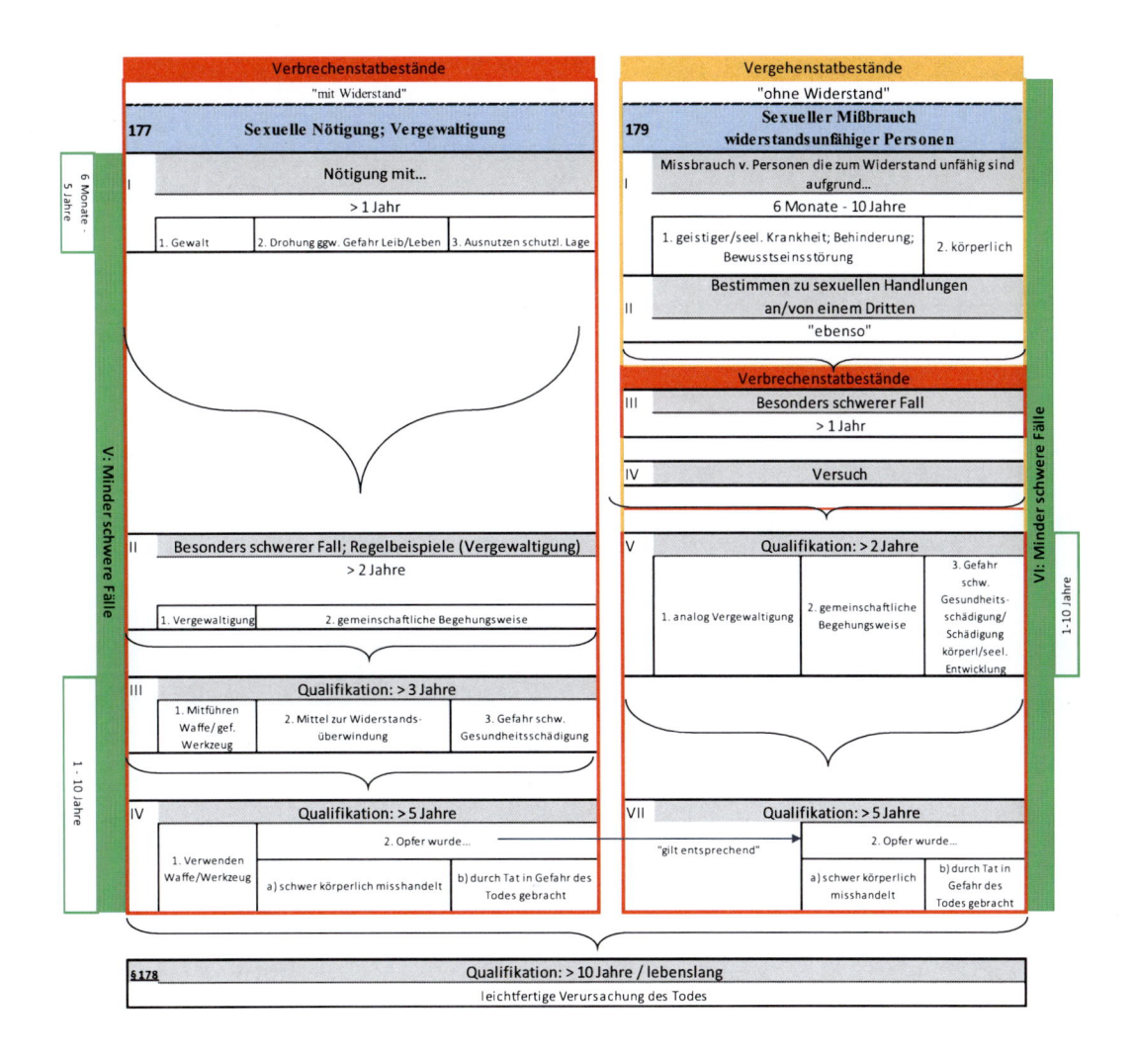

§ 177 — Sexuelle Nötigung; Vergewaltigung (Verbrechenstatbestände, "mit Widerstand")

I — Nötigung mit... (> 1 Jahr)
1. Gewalt
2. Drohung ggw. Gefahr Leib/Leben
3. Ausnutzen schutzl. Lage

II — Besonders schwerer Fall; Regelbeispiele (Vergewaltigung) (> 2 Jahre)
1. Vergewaltigung
2. gemeinschaftliche Begehungsweise

III — Qualifikation: > 3 Jahre
1. Mitführen Waffe/gef. Werkzeug
2. Mittel zur Widerstandsüberwindung
3. Gefahr schw. Gesundheitsschädigung

IV — Qualifikation: > 5 Jahre
1. Verwenden Waffe/Werkzeug
2. Opfer wurde...
   a) schwer körperlich misshandelt
   b) durch Tat in Gefahr des Todes gebracht

V: Minder schwere Fälle
- 6 Monate – 5 Jahre
- 1 – 10 Jahre

---

§ 179 — Sexueller Mißbrauch widerstandsunfähiger Personen (Vergehenstatbestände, "ohne Widerstand")

I — Missbrauch v. Personen die zum Widerstand unfähig sind aufgrund... (6 Monate – 10 Jahre)
1. geistiger/seel. Krankheit; Behinderung; Bewusstseinsstörung
2. körperlich

II — Bestimmen zu sexuellen Handlungen an/von einem Dritten — "ebenso"

Verbrechenstatbestände

III — Besonders schwerer Fall (> 1 Jahr)

IV — Versuch

V — Qualifikation: > 2 Jahre
1. analog Vergewaltigung
2. gemeinschaftliche Begehungsweise
3. Gefahr schw. Gesundheitsschädigung / Schädigung körperl/seel. Entwicklung

VII — Qualifikation: > 5 Jahre — "gilt entsprechend"
2. Opfer wurde...
   a) schwer körperlich misshandelt
   b) durch Tat in Gefahr des Todes gebracht

VI: Minder schwere Fälle — 1–10 Jahre

---

§ 178 — Qualifikation: > 10 Jahre / lebenslang
leichtfertige Verursachung des Todes

3) Eigene Vorschläge zur Optimierung der Gesetzesänderung

Vorschlag 1: Beibehaltung der bisherigen Begriffe aus § 184h zur Erheblichkeitsschwelle

§ 177 Sexueller Übergriff; sexuelle Nötigung; Vergewaltigung
(1) Wer gegen den erklärten *Willen einer anderen Person sexuelle Handlungen an dieser Person vornimmt* ~~oder von ihr vornehmen lässt oder diese Person zur Vornahme oder Duldung sexueller Handlungen an oder von einem Dritten bestimmt,~~ *wird mit Freiheitsstrafe von* ~~sechs Monaten~~ *bis zu fünf Jahren* oder mit Geldstrafe *bestraft.*
(2) Wer sexuelle Handlungen an einer anderen Person vornimmt oder von ihr vornehmen lässt oder diese Person zur Vornahme oder Duldung sexueller Handlungen an oder von einem Dritten bestimmt, in dem er
  1. eine Lage ausnutzt, in der dem Opfer bei Widerstand ein empfindliches Übel droht, oder
  2. die Person zur Vornahme oder Duldung der sexuellen Handlung durch Drohung mit einem empfindlichen Übel genötigt hat
wird mit Freiheitsstrafe von sechs Monaten bis zu fünf Jahren bestraft.
(3) Der Versuch ist in Fällen des Absatz 2 *strafbar.*
(4) Auf Freiheitsstrafe nicht unter einem Jahr ist zu erkennen, wenn der Täter
  1.gegenüber dem Opfer Gewalt anwendet oder
  2.dem Opfer mit gegenwärtiger Gefahr für Leib oder Leben droht.
  Beide Varianten gelten in Verbindung mit Absatz 1 auch, wenn jemand sexuelle Handlungen von einer anderen Person vornehmen lässt oder er diese Person zur Vornahme oder Duldung sexueller Handlungen an oder von einem Dritten bestimmt.
  ~~3.eine Lage ausnutzt, in der das Opfer der Einwirkung des Täters schutzlos ausgeliefert ist.~~
(5) In besonders schweren Fällen des Absatz 4 *ist auf Freiheitsstrafe nicht unter zwei Jahren zu erkennen. Ein besonders schwerer Fall liegt in der Regel vor, wenn*
  1.der Täter mit dem Opfer den Beischlaf vollzieht oder vollziehen lässt oder ähnliche sexuelle Handlungen an dem Opfer vornimmt oder von ihm vornehmen lässt, die dieses besonders erniedrigen, insbesondere wenn sie mit einem Eindringen in den Körper verbunden sind (Vergewaltigung), oder
  2.die Tat von mehreren gemeinschaftlich begangen wird.
(6) Auf Freiheitsstrafe nicht unter drei Jahren ist zu erkennen, wenn der Täter
  *1.*in Fällen des Absatz 4
    a) eine Waffe oder ein anderes gefährliches Werkzeug bei sich führt,
    b) sonst ein Werkzeug oder Mittel bei sich führt, um den Widerstand einer anderen
    Person durch Gewalt oder Drohung mit Gewalt zu verhindern oder zu überwinden, oder
  2. das Opfer in die Gefahr einer schweren Gesundheitsschädigung bringt.
(7) Auf Freiheitsstrafe nicht unter fünf Jahren ist zu erkennen, wenn der Täter
  *1.*in Fällen des Absatz 4 *bei der Tat eine Waffe oder ein anderes gefährliches Werkzeug verwendet oder*
  2.das Opfer
    a) bei der Tat körperlich schwer misshandelt oder
    b) durch die Tat in die Gefahr des Todes bringt.
(8) In minder schweren Fällen des Absatz 2 ist auf Freiheitsstrafe von drei Monaten bis zu drei Jahren, in minder schweren Fällen des Absatz 4 ist auf Freiheitsstrafe von sechs Monaten bis zu fünf *Jahren, in minder schweren Fällen der Absätze 6 und 7 ist auf Freiheitsstrafe von einem Jahr bis zu zehn Jahren zu erkennen.*
(9) Eine Tat nach Absatz 1 wird nur auf Antrag verfolgt. Die Tat kann nicht von Amts wegen verfolgt werden, wenn der Verletzte widerspricht.

§ 177a Sexueller Übergriff bei eingeschränkter Willensbildung/ -äußerung

(1) Wer sexuelle Handlungen an einer anderen Person vornimmt oder von ihr vornehmen lässt oder diese Person zur Vornahme oder Duldung sexueller Handlungen an oder von einem Dritten bestimmt, in dem er

1. ausnutzt, dass die Person nicht in der Lage ist, einen entgegenstehenden Willen zu bilden oder zu äußern, oder

2. ausnutzt, dass die Person auf Grund ihres körperlichen oder psychischen Zustands in der Bildung oder Äußerung des Willens erheblich eingeschränkt ist, und ein entgegenstehender Wille offensichtlich ist, oder

3. ein Überraschungsmoment ausnutzt,

wird mit Freiheitsstrafe von ~~sechs Monaten~~ bis zu fünf Jahren oder mit Geldstrafe bestraft.

(2) Der Versuch ist strafbar.

(3) § 177 Abs. 4, Abs. 5, Abs. 6 Nr. 2 und Abs. 7 gelten entsprechend.

(4) In minder schweren Fällen analog des § 177 Absatz 4 ist auf Freiheitsstrafe von sechs Monaten bis zu fünf Jahren, in minder schweren Fällen analog des § 177 Absätze 6 und 7 ist auf Freiheitsstrafe von einem Jahr bis zu zehn Jahren zu erkennen.

(5) Eine Tat nach Absatz 1 Nr. 3 wird nur auf Antrag verfolgt. Die Tat kann nicht von Amts wegen verfolgt werden, wenn der Verletzte widerspricht.

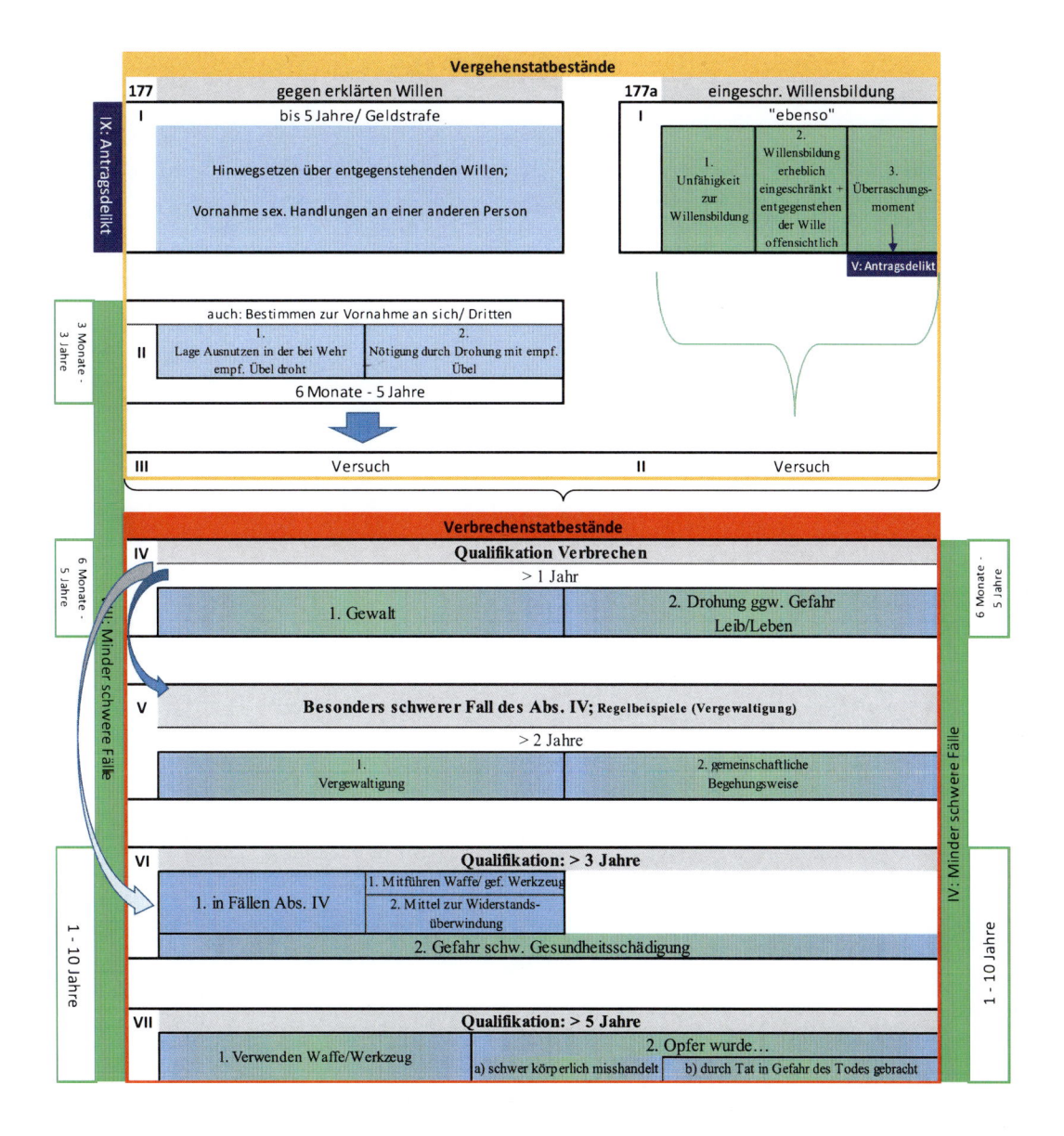

§ 178 Sexueller Übergriff, sexuelle Nötigung und Vergewaltigung mit Todesfolge

Verursacht der Täter durch den sexuellen Übergriff, die sexuelle Nötigung oder Vergewaltigung nach § 177 oder § 177a wenigstens leichtfertig den Tod des Opfers, so ist die Strafe lebenslange Freiheitsstrafe oder Freiheitsstrafe nicht unter zehn Jahren.

§ 184i Sexuelle Belästigung
(1) Wer eine andere Person in sexuell bestimmter Weise körperlich berührt und dadurch belästigt, wird mit Freiheitsstrafe bis zu zwei Jahren oder mit Geldstrafe bestraft, wenn nicht die Tat in anderen Vorschriften mit schwererer Strafe bedroht ist.
~~*(2) In besonders schweren Fällen ist die Freiheitsstrafe von drei Monaten bis zu fünf Jahren. Ein besonders schwerer Fall liegt in der Regel vor, wenn die Tat von mehreren gemeinschaftlich begangen wird.*~~
(3) Die Tat wird nur auf Antrag verfolgt, ~~*es sei denn, dass die Strafverfolgungsbehörde wegen des besonderen öffentlichen Interesses an der Strafverfolgung ein Einschreiten von Amts wegen für geboten hält.*~~ *Die Tat kann nicht von Amts wegen verfolgt werden, wenn der Verletzte widerspricht.*

~~§ 184j Straftaten aus Gruppen~~
~~*Wer eine Straftat dadurch fördert, dass er sich an einer Personengruppe beteiligt, die eine andere Person zur Begehung einer Straftat an ihr bedrängt, wird mit Freiheitsstrafe bis zu zwei Jahren oder mit Geldstrafe bestraft, wenn von einem Beteiligten der Gruppe eine Straftat nach den §§ 177 oder 184i begangen wird und die Tat nicht in anderen Vorschriften mit schwererer Strafe bedroht ist.*~~

Vorschlag 2: Zusätzliche neue Definition in § 184h

§ 184h Begriffsbestimmungen
Im Sinne dieses Gesetzes sind
1. sexuelle Handlungen
nur solche, die im Hinblick auf das jeweils geschützte Rechtsgut von einiger Erheblichkeit sind,
2. sexuelle Handlungen vor einer anderen Person
nur solche, die vor einer anderen Person vorgenommen werden, die den Vorgang wahrnimmt.
3. sexuelle Handlungen großer Erheblichkeit
Nur solche, welche mit dem Eindringen in den Körper oder Berührungen der primären Geschlechtsteile verbunden sind.

§ 177 Sexueller Übergriff; sexuelle Nötigung; Vergewaltigung
(1) Wer gegen den erklärten Willen einer anderen Person sexuelle Handlungen großer Erheblichkeit an dieser Person vornimmt ~~oder von ihr vornehmen lässt oder diese Person zur Vornahme oder Duldung sexueller Handlungen an oder von einem Dritten bestimmt,~~ wird mit Freiheitsstrafe ~~von sechs Monaten~~ bis zu fünf Jahren bestraft.
(2) Wer sexuelle Handlungen großer Erheblichkeit an einer anderen Person vornimmt oder von ihr vornehmen lässt oder diese Person zur Vornahme oder Duldung sexueller Handlungen an oder von einem Dritten bestimmt, in dem er
    1. eine Lage ausnutzt, in der dem Opfer bei Widerstand ein empfindliches Übel droht, oder
    2. die Person zur Vornahme oder Duldung der sexuellen Handlung durch Drohung mit einem empfindlichen Übel genötigt hat
wird mit Freiheitsstrafe von sechs Monaten bis zu fünf Jahren bestraft.
(3) Der Versuch ist strafbar.
(4) Auf Freiheitsstrafe nicht unter einem Jahr ist zu erkennen, wenn der Täter
    1. gegenüber dem Opfer Gewalt anwendet oder
    2. dem Opfer mit gegenwärtiger Gefahr für Leib oder Leben droht.
    ~~3. eine Lage ausnutzt, in der das Opfer der Einwirkung des Täters schutzlos ausgeliefert ist.~~
Beide Varianten gelten in Verbindung mit Absatz 1 auch, wenn jemand sexuelle Handlungen von einer anderen Person vornehmen lässt oder er diese Person zur Vornahme oder Duldung sexueller Handlungen an oder von einem Dritten bestimmt.

(5) In besonders schweren Fällen *des Absatz 4* ist auf Freiheitsstrafe nicht unter zwei Jahren zu erkennen. Ein besonders schwerer Fall liegt in der Regel vor, wenn
1.der Täter mit dem Opfer den Beischlaf vollzieht oder vollziehen lässt oder ähnliche sexuelle Handlungen an dem Opfer vornimmt oder von ihm vornehmen lässt, die dieses besonders erniedrigen, insbesondere wenn sie mit einem Eindringen in den Körper verbunden sind (Vergewaltigung), oder
2.die Tat von mehreren gemeinschaftlich begangen wird.
(6) Auf Freiheitsstrafe nicht unter drei Jahren ist zu erkennen, wenn der Täter
1.*in Fällen des Absatz 4*
    a) eine Waffe oder ein anderes gefährliches Werkzeug bei sich führt,
    b) sonst ein Werkzeug oder Mittel bei sich führt, um den Widerstand einer anderen
    Person durch Gewalt oder Drohung mit Gewalt zu verhindern oder zu überwinden, oder
2. das Opfer in die Gefahr einer schweren Gesundheitsschädigung bringt.
(7) Auf Freiheitsstrafe nicht unter fünf Jahren ist zu erkennen, wenn der Täter
1.*in Fällen des Absatz 4* bei der Tat eine Waffe oder ein anderes gefährliches Werkzeug verwendet oder
2.das Opfer
    a) bei der Tat körperlich schwer misshandelt oder
    b) durch die Tat in die Gefahr des Todes bringt.
(8) In minder schweren Fällen des Absatz 2 ist auf Freiheitsstrafe von drei Monaten bis zu drei Jahren, in minder schweren Fällen des Absatz 4 ist auf Freiheitsstrafe von sechs Monaten bis zu *fünf* Jahren, in minder schweren Fällen der Absätze 6 und 7 ist auf Freiheitsstrafe von einem Jahr bis zu zehn Jahren zu erkennen.

§ 177a Sexueller Übergriff bei eingeschränkter Willensbildung/ -äußerung

(6) Wer sexuelle Handlungen *großer Erheblichkeit* an einer anderen Person vornimmt oder von ihr vornehmen lässt oder diese Person zur Vornahme oder Duldung sexueller Handlungen *großer Erheblichkeit* an oder von einem Dritten bestimmt, in dem er
1. ausnutzt, dass die Person nicht in der Lage ist, einen entgegenstehenden Willen zu bilden oder zu äußern,
2. ausnutzt, dass die Person auf Grund ihres körperlichen oder psychischen Zustands in der Bildung oder Äußerung des Willens erheblich eingeschränkt ist, *und ein entgegenstehender Wille offensichtlich ist,*
3. ein Überraschungsmoment ausnutzt,
wird mit Freiheitsstrafe ~~von sechs Monaten~~ bis zu fünf Jahren bestraft.
(7) Der Versuch ist strafbar.
(8) § 177 Abs. 4, Abs. 5, *Abs. 6 Nr. 2* und Abs. 7 gelten entsprechend.
(9) In minder schweren Fällen analog des § 177 Absatz 4 ist auf Freiheitsstrafe von sechs Monaten bis zu *fünf* Jahren, in minder schweren Fällen analog des § 177 Absätze 6 und 7 ist auf Freiheitsstrafe von einem Jahr bis zu zehn Jahren zu erkennen.

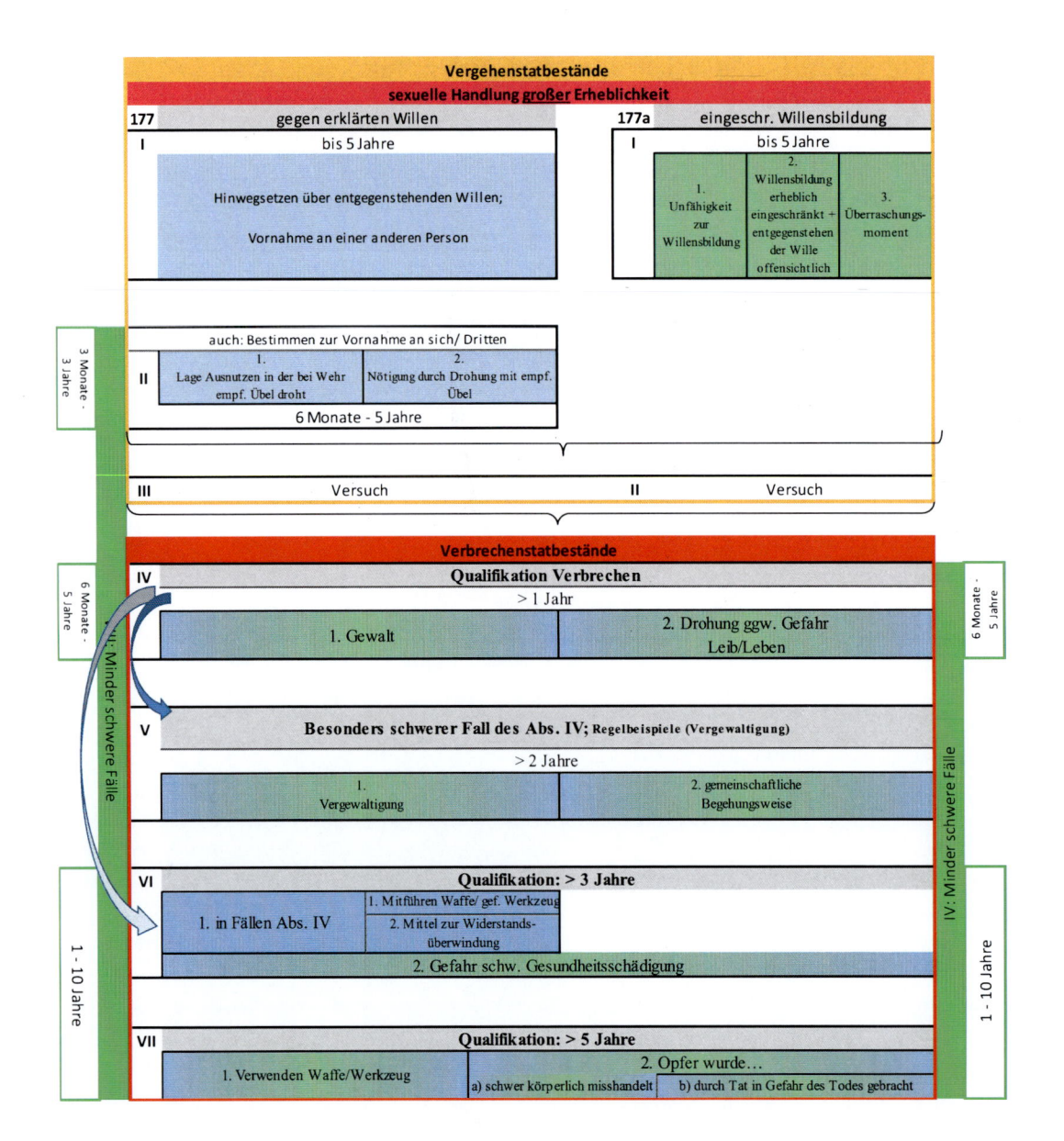

Vergehenstatbestände
sexuelle Handlung **großer** Erheblichkeit

177	gegen erklärten Willen	177a	eingeschr. Willensbildung

I — bis 5 Jahre (§ 177)

Hinwegsetzen über entgegenstehenden Willen;
Vornahme an einer anderen Person

I — bis 5 Jahre (§ 177a)
1. Unfähigkeit zur Willensbildung
2. Willensbildung erheblich eingeschränkt + entgegenstehender Wille offensichtlich
3. Überraschungsmoment

(seitlich: 3 Monate - 3 Jahre)

II — auch: Bestimmen zur Vornahme an sich/ Dritten
1. Lage Ausnutzen in der bei Wehr empf. Übel droht
2. Nötigung durch Drohung mit empf. Übel

6 Monate - 5 Jahre

III Versuch | **II** Versuch

Verbrechenstatbestände

IV — Qualifikation Verbrechen — > 1 Jahr
1. Gewalt
2. Drohung ggw. Gefahr Leib/Leben

(seitlich: 6 Monate - 5 Jahre; III: Minder schwere Fälle / IV: Minder schwere Fälle)

V — Besonders schwerer Fall des Abs. IV; Regelbeispiele (Vergewaltigung) — > 2 Jahre
1. Vergewaltigung
2. gemeinschaftliche Begehungsweise

VI — Qualifikation: > 3 Jahre
1. in Fällen Abs. IV
   1. Mitführen Waffe/ gef. Werkzeug
   2. Mittel zur Widerstandsüberwindung
2. Gefahr schw. Gesundheitsschädigung

(seitlich: 1 - 10 Jahre)

VII — Qualifikation: > 5 Jahre
1. Verwenden Waffe/Werkzeug
2. Opfer wurde…
   a) schwer körperlich misshandelt
   b) durch Tat in Gefahr des Todes gebracht

FSC
www.fsc.org
MIX
Papier aus ver-
antwortungsvollen
Quellen
Paper from
responsible sources
FSC® C105338